Kurt Franz
Wer den Pfennig nicht ehrt

Über dieses Buch:

Geld hier, Geld dort, Geld überall! Fast täglich hat jeder von uns mit diesem Zahlungsmittel zu tun. Deshalb sollte man schon über Geld einiges wissen. Und zwar nicht nur über seine Herstellung, sondern mehr noch über seine Entstehung, Bedeutung und seine vielfältigen Aufgaben früher und heute.
Unterhaltsam wird aufgezeigt, wie sich die Geschichte des Geldes in zahllosen Redewendungen, Sprichwörtern, Namen und Bezeichnungen widerspiegelt. Immer im Blick auf die Gegenwart führt der Autor Schritt für Schritt tiefer in das nicht einfache Gebiet »rund ums Geld« ein.
Nicht zuletzt stellt sich aber auch die Frage, welchen Wert der einzelne Mensch dem Geld zumißt, auf welche Weise er es sich aneignen und was er damit bewirken möchte. Fragen über Fragen, denn selbst derjenige, der sich von materiellen Gütern unabhängig fühlt, kann nicht ohne Geld auskommen.

Der Autor:

Kurt Franz wurde 1941 in Ossegg/Sudetenland geboren. In München studierte er Germanistik, Geschichte und Geographie, promovierte und erwarb die Befähigung für mehrere Lehrämter. Zehn Jahre war er als Lehrer tätig. Seit 1974 arbeitet er als Dozent für Didaktik der deutschen Sprache und Literatur an der Universität München; dabei ist ein Schwerpunkt die Kinder- und Jugendliteratur. Veröffentlichungen in diesem Bereich sind u.a.: ›Was Kinder alles lesen‹ (zusammen mit B. Meier) und ›Kinderlyrik – Struktur, Rezeption, Didaktik‹.
Für dtv junior schrieb Kurt Franz auch das erfolgreiche Buch ›Lesen macht stark. Alles über Bücher – vom Autor bis zum Leser‹ mit Illustrationen von Frantz Wittkamp, dtv junior 7919 (Auswahlliste zum Deutschen Jugendliteraturpreis 1981 und Buch des Monats der Deutschen Akademie für Kinder- und Jugendliteratur in Volkach).

Kurt Franz

Wer den Pfennig nicht ehrt

Alles übers Geld

Mit Bildern von Frantz Wittkamp

Deutscher Taschenbuch Verlag

Weitere Sachbilderbücher im großen Format:

Franz, Lesen macht stark, Band 7919
Björk/Anderson, Die schnellste Bohne der Stadt, Band 7931
Heuser, So funktioniert mein Körper, Band 7918
Macaulay, Sie bauten eine Kathedrale, Band 7900
Macaulay, Wo die Pyramiden stehen, Band 7901
Macaulay, Eine Stadt wie Rom, Band 7902
Macaulay, Es stand einst eine Burg, Band 7915
Macaulay, Unter einer Stadt, Band 7903

Originalausgabe
April 1983

Umschlaggestaltung: Celestino Piatti
Umschlagbild: Frantz Wittkamp
Gesetzt aus der Times 11/12'
Gesamtherstellung: Kösel, Kempten
Printed in Germany · ISBN 3-423-07932-0

Inhalt

Steine, Muscheln, Kupferäxte

Weißt du, was das ist?

1

2

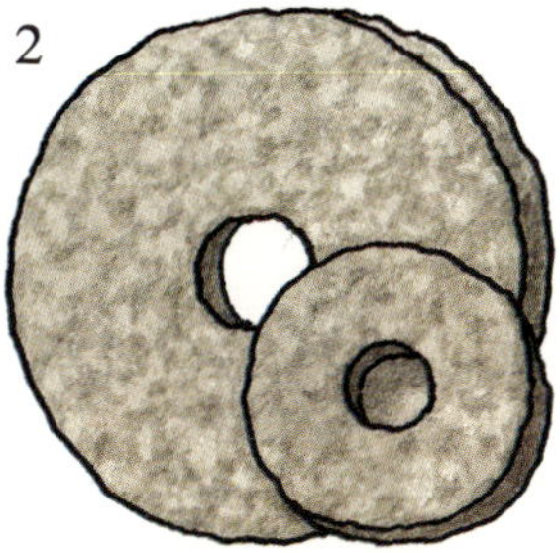

3

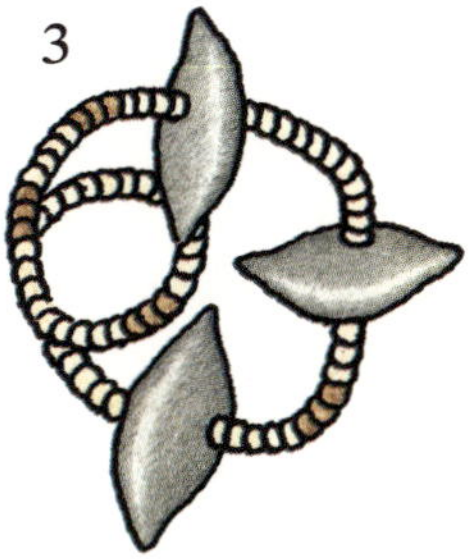

4

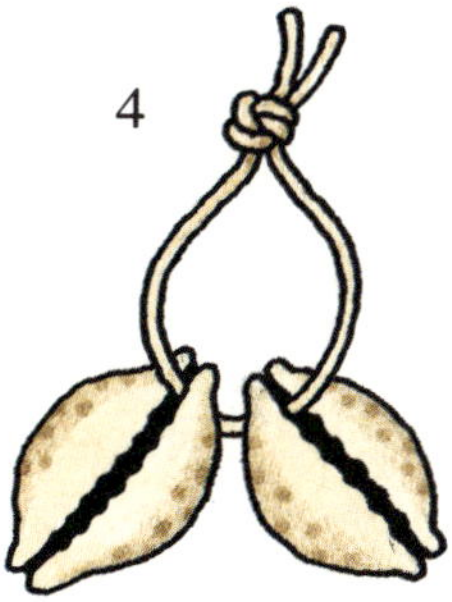

5

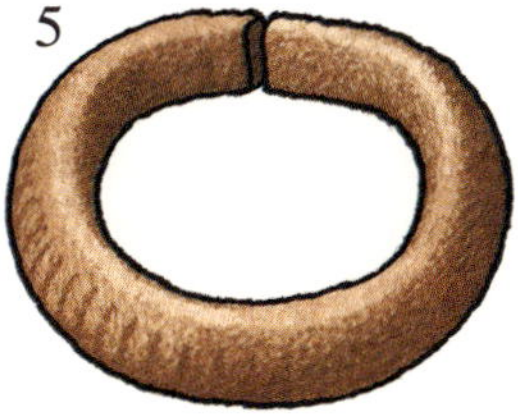

6

Alle diese Gegenstände waren früher oder sind heute noch gültige Zahlungsmittel, also eine Art Geld. Auch wir haben täglich mit Geld zu tun, zum Beispiel wenn das Pausenfrühstück bezahlt werden muß, wenn man im Schreibwarengeschäft ein Heft kauft, wenn wir Münzen in den Kaugummiautomaten oder in die Parkuhr werfen.
Das hier abgebildete »Geld« ist uns natürlich kaum bekannt, denn es ist entweder gar nicht mehr oder nur noch in fernen Ländern in Gebrauch.

1

Das Ringgeld ist schon sehr alt. Im Zeichen des Rings leben Vorstellungen früherer Völker fort. Bei den Kelten und Germanen bedeutete der Besitz von goldenen und silbernen Ringen und Armreifen Ansehen und Macht. Mit ihnen wurden tapfere Kämpfer ausgezeichnet und fahrende Sänger belohnt. Dem Ring schrieb man magische Kraft zu, und man glaubte an die Wirkung von Wunschringen. Bis heute bedeutet das Austauschen von Ringen: sich aneinander binden, also einen Bund besiegeln. Der Brauch, sich Freundschafts-, Verlobungs- und Eheringe zu schenken, ist noch allgemein üblich. Aber in der Gegenwart sind Ringe immer mehr zu einem reinen Schmuckgegenstand geworden, ja, sie dienen manchmal, wie teurer Schmuck überhaupt, als sichere Geldanlage.

2

Die runden, in der Mitte durchlöcherten Räder aus Stein, in ihrer Form Mühlsteinen ähnlich, sind in Wirklichkeit oft viel größer als auf dem Bild. Dieses Steingeld, das »Fä« genannt wird, ist seit 2000 Jahren auf Inseln im Stillen Ozean, besonders auf der Südseeinsel Yap, gültiges Zahlungsmittel. Die Steinscheiben haben eigentlich keinen echten Materialwert; aber sie sind so begehrt, weil die Insulaner an ihre übernatürlichen Kräfte glauben und weil diese Gesteinsart unter größten Schwierigkeiten von weit entfernten Inseln herbeigeschafft werden muß. So richtig im Umlauf wie unser heutiges Geld ist dieses Steingeld allerdings nicht mehr. Nur die kleineren Scheiben, die wenige Zentimeter Durchmesser haben, oder solche, die doch wenigstens noch von zwei Männern auf einer Stange getragen werden können, wechseln mit dem neuen Besitzer auch den Ort, die ganz großen bleiben trotz Besitzerwechsel an ihrem ursprünglichen Standort stehen.
Immerhin hat der größte gemessene Stein einen Durchmesser von 3,70 m. Für seinen Transport müßten sich zwölf Männer anstrengen. Ein fettes Schwein kostete einen Stein von 40 bis 50 cm Durchmesser.

3 Ein anderes Geld, das ebenfalls auf Südseeinseln verwendet wird, ist das Muschelgeld. Das abgebildete heißt »Diwarra« und besteht aus kleinen Schalenscheibchen, die gebleicht, poliert und auf Schnüre aufgereiht sind. Die Preise wurden nach einer bestimmten Länge der Schnur, nach »Faden«, bemessen. So mußte man für eine Frau, mit deren Arbeitskraft man überhaupt erst einen Hausstand gründen konnte, je nach Alter und Herkunft 10 bis 50 Faden bezahlen. Auch bei diesem Zahlungsmittel war die Menge stark begrenzt, denn auch hier mußte das Material von sehr weit herbeigeschafft werden. Dem Besitz dieses Geldes wurde eine ungeheure Bedeutung zugeschrieben: Für den nämlich, der so arm war, daß er sich keine Frau kaufen konnte, war der wirtschaftliche Aufstieg unmöglich; somit war er von der Gesellschaft ausgeschlossen, und man glaubte, daß ihm sogar der Zugang zum Jenseits versperrt sei.

4 Muschelschalen und Schneckengehäuse sind bei Naturvölkern bis heute als Schmuck und als zauberkräftige Amulette beliebt. Mit diesem Wert können sie auch ihre Aufgabe als »Geld« erfüllen. Eines der bekanntesten und am weitesten verbreiteten Zahlungsmittel wurde das gelblich gefleckte porzellanartige Gehäuse der Kauri-Schnecke. Sie fand schon vor über 3000 Jahren in China, Indien, Persien und Afrika, besonders im religiösen Brauch, Verwendung. Das chinesische Wort für Kauri war »Pei«. Diese Silbe taucht in der chinesischen Sprache in allen Bezeichnungen wieder auf, die mit Kaufen und Verkaufen zu tun haben.

5 Traurige Berühmtheit erlangte ein anderes ringförmiges Geld, die Manilla (Mehrzahl: Manillen), die heute nur noch als Sammelgegenstand einen Wert hat. Dieses metallene Zahlungsmittel wird auch »Sklavengeld« genannt, weil vor einigen Jahrhunderten in Teilen Afrikas vor allem Menschen als billige Arbeitskräfte

damit gehandelt wurden. Dieses Geld hatte noch bis ins 20. Jahrhundert Geltung.

6

Neben den verschiedensten Schmuck- und Luxusgegenständen wurden in manchen früheren Kulturen auch praktische Gegenstände des täglichen Lebens als Tausch- und Zahlungsmittel verwendet. Das waren in erster Linie dringend benötigte Werkzeuge wie Messer, Spaten oder – wie auf der Abbildung – Kupferäxte. Aus den tatsächlich verwendbaren Geräten entwickelten sich später manchmal verkleinerte und damit handlichere Nachbildungen, die dann wirklich nur noch die Aufgabe als Geld erfüllten, als Werkzeuge aber nicht mehr benutzt werden konnten. Besonders bekannt sind das chinesische Messergeld »Tao« und das Spatengeld »ch'ien«. Dieses Wort »ch'ien« ist in China die allgemeine Bezeichnung für Geld geblieben.

Das sind nur einige Beispiele für Gegenstände, die dem Menschen im Laufe der Geschichte als Zahlungsmittel dienten, also Beispiele für sogenanntes Primitiv- oder Naturalgeld. Auch Keramikperlen, gestempelte Ziegel, Federn von seltenen Vögeln, Zähne, Menschenschädel oder Vasen wurden dafür verwendet. Viele Dinge, mit denen man bezahlte, wie Tiere, Säcke mit Kakaobohnen, bestimmte Mengen Reis, Datteln, Wein, Brennholz oder Kleidung, konnten auch für die unmittelbare Befriedigung von Lebensbedürfnissen genutzt werden. Diese Art von Geld bezeichnet man deshalb als Nutzgeld.

In schlechten Zeiten, in denen der Wert des Geldes stark sinkt, kann es auch bei uns wieder zu ähnlichen Zuständen kommen. So waren nach den beiden Weltkriegen, also nach 1918 und 1945, in Deutschland Nahrungs- und Genußmittel wie Kaffee oder Zigaretten wichtige Tauschgegenstände.

Das Geld, mit dem wir heute im täglichen Leben allgemein umgehen, hat ein ganz bestimmtes Aussehen. Es gibt Metallgeld (Münzen) und Papiergeld (Banknoten).

Weißt du, wieviel verschiedene Münzen in der Bundesrepublik Deutschland im Umlauf sind?
Es gibt . 8. Münzen.
Wie viele Banknoten gibt es?
Es sind . . . 7 verschiedene Banknoten.
Als Hilfe kannst du die Abbildungen auf dieser Seite anschauen!

Taler, Taler, du mußt wandern...

Geld ist das wichtigste Zahlungsmittel

Hans im Glück hatte für sieben Jahre Arbeit einen Klumpen Gold als Lohn erhalten. Da dieser ihm sehr beschwerlich war, tauschte er ihn gegen..., und er tauschte und tauschte weiter. Wer sich nicht mehr sicher ist, was er alles eingetauscht hat, liest einfach wieder einmal in dem Märchen nach! Auf jeden Fall besaß Hans am Ende nur noch einen Wetzstein, der ihm schließlich auch noch aus der Tasche in einen Brunnen fiel.

Hans hat sich bei seinen Geschäften keine Gedanken darüber gemacht, ob das, was er hergab, und das, was er dafür erhielt, im Wert ungefähr gleich war. Auf diesem Grundsatz beruht aber der wirtschaftliche Vorgang des Tauschens oder Kaufens. Natürlich können, wie bei Hans auch, persönliche Gründe mit eine Rolle spielen: Bei großer Hitze gibst du dein Markstück bestimmt lieber für ein Eis aus als für heiße Maroni, die dasselbe kosten. Trotzdem soll der Wert einer Ware immer allgemein meßbar bleiben. Diesen Gedanken hat schon vor etwa 2300 Jahren der griechische Philosoph Aristoteles aufgegriffen:

»Alles, was ausgetauscht werden soll, muß vergleichbar sein.«

Nicht zuletzt hat sich daraus die Redewendung *Jemandem etwas mit gleicher Münze heimzahlen* herausgebildet, also jemandem etwas vergelten, sich an jemandem auf dieselbe Weise rächen. Natürlich wird der Spruch heute nur noch im übertragenen Sinn gebraucht.

Im Geschäftsleben muß alles *auf Heller und Pfennig* oder, moderner ausgesprochen, *auf Mark und Pfennig* stimmen. Das heißt, daß die Bezahlung bis zum kleinsten Betrag, also bis zum letzten Pfennig genau sein muß.
Auch früher schon hat man im Wirtschaftsleben, beim Tauschen oder beim Umgang mit Primitivgeld, den Grundsatz der Vergleichbarkeit berücksichtigt. So hielt man sich zum Beispiel bei bestimmten Stämmen in Afrika an folgende Vergleichswerte:

1 Sklave	=	1 Doppelflinte + 2 Flaschen Schießpulver
	=	5 Ochsen
1 Schnur Glasperlen	=	1 Kürbisflasche voll Wasser
	=	1 Maß Milch
	=	1 Arm voll Heu
2 Schnüre Glasperlen	=	1 Maß Hirse

Man könnte noch viele Beispiele anführen. Einige wurden schon im vorigen Kapitel genannt.
Heute messen und vergleichen wir alles mit dem Wert unseres Geldes, mit dessen Kaufkraft wir vertraut sind. Für 20 Pfennige erhält man: 1 Briefmarke, 1 Kaugummi, 5 Bonbons, . . .

Wer kann die Aufzählung fortsetzen? Versucht es auch mit anderen Beträgen, mit 1 DM, mit 5 DM oder mehr!
Man kann daraus ein kleines Spiel machen: Wem fallen die meisten Waren bei einem bestimmten Geldbetrag ein?

Man sollte sich aber auch darüber klar sein, daß jeden Tag unendlich viele Waren ihren Besitzer wechseln und daß dies nicht nur auf dem Wege des Kaufens und Verkaufens geschieht.

1
2
3
4

1

Eine Ware kann man jemand anderem schenken. Dann handelt es sich um eine einseitige freiwillige Gabe. Das machst du zu jedem Geburtstag deiner Eltern oder Geschwister, zu Weihnachten oder zu anderen Anlässen. Oder du beschenkst einen Freund, einfach weil du ihn magst. Natürlich ist auch das Schenken nicht immer so ganz »freiwillig«. Man möchte dem anderen eine Freude bereiten, aber man erwartet vielleicht auch Zuneigung, Dankbarkeit oder – wie an Weihnachten – eine Gegengabe. In diesem Sinn ist das Schenken bis heute ein wichtiges Zeichen geblieben. Untertanen mußten ihrem Herrn durch Geschenke ihre Treue beweisen, Herrscher gewährten einem Abhängigen ihre Gunst durch eine Schenkung, und aus Höflichkeit bringt man noch heute bei einer Einladung dem Gastgeber eine kleine »Aufmerksamkeit« mit. Hier könnte man auch den Weg des Vererbens und Erbens nennen, doch erfolgt da der Besitzwechsel erst nach dem Tode des Vererbenden.

2

Auch Rauben oder Stehlen ist ein einseitiger Wechsel einer Ware. Allerdings ist das für die eine Seite unfreiwillig. Die Ware wechselt hier den Besitzer entweder auf gewaltsame Weise, wie bei einem Überfall, oder auf eine geheime Art, wie bei einem Diebstahl. Natürlich sind dies unrechtmäßige Handlungen, die gesetzlich verfolgt und geahndet werden.

3

In früheren Zeiten, als es noch kein Geld gab, war das Austauschen von verschiedenen Waren ein ganz wichtiger Vorgang im Wirtschaftsleben. Der Tausch ist freiwillig und beidseitig. Vielleicht hast du auch schon mit Freunden etwas getauscht, ob Briefmarken, Fußballbilder oder Süßigkeiten. Du wirst dich erinnern, daß dabei beide Seiten versuchten, den angemessenen Gegenwert auszuhandeln.

4 Der uns heute am meisten vertraute Besitzerwechsel einer Ware ist das Kaufen. Das ist ein freiwilliger beidseitiger Austausch, und zwar von Ware und Geld. Du gehst einfach in ein Geschäft, bezahlst 2 Mark und erhältst dafür 10 Kaugummis. So einfach das auch scheint, in Wirklichkeit ist es eine Möglichkeit des Warenerwerbs, die sich erst allmählich entwickelt hat und über die man schon einmal etwas nachdenken sollte.

Einige Arten des Besitzerwechsels haben immer ein gemeinsames Kennzeichen. Wer die Bilder angeschaut und besonders die hervorgehobenen Stellen im Text genau gelesen hat, findet es ganz leicht heraus.

Was haben 1 und 2 gemeinsam?

. . . .

Was ist bei drei Arten des Besitzerwechsels gleich?

. . . .

Wenn du mit deinem Freund einen Bleistift gegen einen Radiergummi tauschst, ist der Wert der beiden Waren gut vergleichbar. Um zu verstehen, daß man bei Naturvölkern mit Muschelschalen oder Steinen Handwerksgeräte oder Nahrungsmittel »kaufen« konnte, muß man schon wissen, daß die für dieses Geld verwendeten Materialien sehr selten waren, daß man ihnen eine große Bedeutung beimaß und daß man sich auf sie als Zahlungsmittel geeinigt hatte.

Noch viel Erstaunlicheres kann man in unserer Zeit feststellen: Mit ein paar »Papierlappen« kann man sich sogar ein Auto kaufen!

Wie ist das möglich?

Diese »Papierlappen«, die Banknoten, sind für sich als Material so gut wie nichts wert, ihr eigener Materialwert ist also äußerst gering. Aber sie bedeuten einen Wert, nämlich den, der als Zahl und Wort aufgedruckt ist. Wir sprechen hier vom Nennwert oder, nach dem Lateinischen, vom Nominalwert des Geldes. Tatsächlich ist es so viel wert, wie man an Waren oder Dienstleistungen dafür erwerben kann. Ein Zehnmarkschein hat fast keinen Materialwert, aber einen Nennwert von 10 Mark.

Unser heutiges Geld ist ein allgemeines, vom Staat eingeführtes und überwachtes Tausch- oder Zahlungsmittel. Mit ihm bezahlen wir nicht nur die Kartoffeln im Supermarkt oder die Autoreparatur in der Werkstatt, es ist für uns auch der wichtigste Vergleichs- und Wertmaßstab. Alles schätzen wir nach dem uns vertrauten Geldwert ein.

Die gesetzliche Ordnung des Geldwesens in einem Lande heißt Währung. Damit meinen wir das in einem Land geltende Zahlungsmittel. Die Währung in der Bundesrepublik Deutschland ist die Deutsche Mark. Die Hüterin unseres ganzen Geldwesens ist die Deutsche Bundesbank, die von der jeweiligen Regierung weitgehend unabhängig ist.

Bis vor kurzer Zeit war der Wert des Geldes, das in einem Land in Umlauf war, durch denselben Gegenwert an Gold »gedeckt«. In diesem Fall spricht man von einer Goldwährung. Auf dieses seltene Edelmetall hatte man sich auf der ganzen Welt als einheitlichen Wertmaßstab festgelegt. So lagern noch heute in den Tresoren der staatlichen Banken riesige Mengen an Goldbarren.

Die allein im sicheren Fort Knox, einem Truppenlager in den USA, verwahrten Vorräte stellen einen Wert von etwa 12 Milliarden DM dar. Goldreserven können durch Ankauf oder Verkauf je nach Notwendigkeit verändert werden. Doch ist die Währung eines Landes heute nicht mehr allein durch dieses Metall gedeckt. Entscheidend für das Vertrauen der Handelspartner in eine Währung ist die wirtschaftliche Leistungsfähigkeit eines Landes. Man spricht hier von einer deckungslosen Währung.

Da sich die wirtschaftliche Leistungskraft eines Landes immer wieder verändert, schwankt auch der Wert der Währung im Vergleich zu den Währungen anderer Länder, das heißt also, der Kurswert ändert sich im internationalen Vergleich. Ein wirtschaftlich starkes Land hat eine stabile, harte Währung, ein wirtschaftlich schwaches dementsprechend eine weiche. In diesem Fall sinkt also der Tauschwert des Geldes, der Kurs, gegenüber dem anderer Länder. Eine DM ist dann vielleicht gegenüber einem Dollar noch weniger wert als vor drei Wochen oder sogar als am Tag zuvor. Die Entwicklung des Kurses wird stets genau beobachtet und registriert; die Kenntnis der Kursschwankungen ist nämlich für den gegenseitigen internationalen Handel eine wesentliche Voraussetzung. Der Ort, an dem der Wert des Geldes täglich neu bestimmt wird, ist die Börse. Dieser »Geldmarkt«, an dem es immer sehr laut und hektisch zugeht, befindet sich meist an einem wirtschaftlichen Mittelpunkt wie New York, London oder Frankfurt am Main.

Um international immer einen einheitlichen Vergleichsmaßstab zu haben, hat man sich auf die Währung des heute wirtschaftlich stärksten Landes, auf den US-Dollar, geeinigt. Im Vergleich mit ihm kann man jederzeit feststellen, ob sich der Kurswert des eigenen Geldes verbessert oder verschlechtert hat. Über die Kurse verschiedener Länder, also den jeweiligen Wert des Geldes, steht mehr in einem späteren Kapitel.

Die Börse in Frankfurt am Main

Geld ist nicht beliebig vermehrbar. Es darf in einem Land nur so viel im Umlauf sein, wie als Gegenwert Güter vorhanden sind. Würde man einfach Geldscheine nachdrucken, also die Geldmenge vermehren, müßte man für eine Ware mehr als bisher bezahlen, weil zwar mehr Geld vorhanden, die Gütermenge aber gleich geblieben ist. Die Kaufkraft des Geldes sinkt. Hast du früher ein Brot vielleicht für 1 DM erhalten, so müßtest du jetzt dafür den doppelten Preis bezahlen. Diese Veränderung im Verhältnis zwischen Geldmenge und Gütermenge nennt man Inflation, vom lateinischen Wort »inflare« (aufblähen) abgeleitet.
Geldentwertung tritt ebenfalls ein, wenn die Menge der Güter stark abnimmt. Das ist dann der Fall, wenn nicht genügend Waren hergestellt oder eingeführt werden können.

Auch dann muß man für die seltener und damit wertvoller gewordene Ware einen höheren Preis bezahlen. Ein solcher Vorgang läßt sich jeweils in Notzeiten feststellen, wie bei uns nach den beiden Weltkriegen. Die wichtigsten Güter sind verbraucht, Fabrikanlagen sind zerstört, Industrie und Landwirtschaft können kaum die lebensnotwendigsten Waren erzeugen. So kam es in den Jahren nach dem Ersten Weltkrieg zu einer schweren Wirtschaftskrise, die ihren Höhepunkt im Jahre 1923 hatte. Man konnte für sein Geld fast nichts mehr kaufen, weil Ware nur noch in ganz geringen Mengen vorhanden war. Die Preise stiegen ins unermeßliche, so daß man sie mit den Nennwerten des vorhandenen Geldes gar nicht mehr bezahlen konnte. Dadurch war der Staat gezwungen, immer wieder neue Banknoten, sogenanntes Notgeld, in einem jeweils höheren Nennwert zu drucken. Schließlich ging das so weit, daß man für ein einziges Ei 320 000 000 000 Mark bezahlen mußte.

Die Höhe solcher Summen ist für uns kaum noch vorstellbar. Wollten wir ein so kostbares Ei mit Münzen bezahlen, müßten wir einige Säcke voll auf einem Lastwagen heranfahren.
In einer solchen Lage droht das Wirtschaftsleben völlig zusammenzubrechen, und der Staat muß regulierend eingreifen und die Währung des Landes von einem bestimmten Zeitpunkt an neu ordnen. Wir sprechen dann von einer Währungsreform, wie sie bei uns nach den beiden Weltkriegen jeweils durchgeführt werden mußte. Der Staat läßt neue Banknoten mit einem geheimgehaltenen, weitaus geringeren Nennwert drucken und tauscht sie an einem geheimgehaltenen Tag gegen das vorhandene Geld aus. In solchen Fällen sind die Leute, die am meisten gespart haben, am ärmsten dran, denn ihr Geld ist jetzt nur noch einen Bruchteil wert. Da kann es passieren, daß ich für jeden alten Hundertmarkschein jetzt bloß einen neuen Zehnmarkschein erhalte.
Seit der letzten Währungsreform in der Bundesrepublik Deutschland am 20. Juni 1948 ist die Deutsche Mark (abgekürzt: DM) Währungseinheit. Alles bis dahin im Umlauf befindliche Geld wurde an diesem Stichtag ungültig. Es wurde durch neues ersetzt, eben die Deutsche Mark. Die damaligen Scheine sahen allerdings noch anders aus als unsere heutigen. Um eine möglichst gerechte Ausgangslage zu schaffen, wurden pro Kopf der Bevölkerung 40 DM, das sogenannte Kopfgeld, ausgegeben.
Es kann auch zu einer gegenteiligen Entwicklung kommen, der Deflation. Die Geldmenge, die vorhanden ist oder die für Güter ausgegeben wird, ist gering. Die produzierte Gütermenge übersteigt die Nachfrage bei weitem. Überflüssige Waren müssen gelagert werden. Sie haben also jetzt einen geringeren Wert. Man muß froh sein, wenn man sie für weniger Geld verkaufen kann. Jetzt wird die Produktion eingeschränkt, und es kommt zur Entlassung von Personal und zu Arbeitslosigkeit.

Du kannst ganz leicht selbst zu marktwirtschaftlichen Erkenntnissen kommen. Kreuze an!

Geringe Geldmenge	Großes Warenangebot

Für eine Ware muß ich
viel ☒
wenig ☐
bezahlen.

Große Geldmenge	Geringes Warenangebot

Die Waren haben einen
hohen ☐
niedrigen ☒
Preis.

Das sind alles Probleme, die im Wirtschaftsleben eines Staates auftreten und natürlich auch im Handel der Länder miteinander eine entscheidende Rolle spielen. Über die Ursachen und über die Möglichkeit ihrer Lösung zerbrechen sich allerdings selbst die <u>Wirtschaftsexperten</u> (Wirtschaftsfachleute) oft den Kopf. Das sind immerhin Leute, die sich mit Volkswirtschaft, Betriebswirtschaft, mit dem Bankwesen und anderen verwandten Bereichen eingehend befaßt haben. Für uns genügen vorerst einige Grundkenntnisse, denn wir wollen uns hier ja nicht zum Bankfachmann ausbilden.

Wer sich aber über ein bestimmtes Wissensgebiet näher informieren möchte, der schlage im Katalog von öffentlichen Büchereien nach! Dort kann man Titel von weiterführenden Büchern finden. Broschüren erhält man bei Banken und Sparkassen kostenlos.

1
BANK
2
5
6
9
TAXI
A 1000
10

3
4
7
8
11
12

Die Geschichte vom blauen Schein – jeder weiß wohl, welcher gemeint ist – läßt sich ganz leicht fortsetzen. Versucht es einmal! Es gibt außer diesen zwölf Stationen beim Umlauf des Geldes noch sehr viele andere. Man kann auch eine neue Geschichte erfinden, erzählen oder zeichnen, mit den »Erlebnissen« eines Ein- oder Zweimarkstücks.

Wir konnten feststellen: Das Geld befindet sich in einem Kreislauf, und alles dreht sich im Leben ums Geld. In einem Schlager singt die amerikanische Schauspielerin und Kabarettistin Liza Minelli: »Money makes the world go round.« Das heißt: Geld bewirkt, daß sich die Welt dreht, oder: Geld hält die Welt in Schwung. Ähnlich geht es in einem Schlager der schwedischen Gruppe Abba um ›Money, money‹.
Auch in einem deutschen Schlager kommt der Refrain vor: »Ohne Moos nichts los.« Und der moderne Künstler Roman Erben hat eine ganze Bildfolge gestaltet, die sich ›Moos, Kohle, Kies‹ nennt. Hier ist ein Blatt aus dieser Serie abgebildet. Der Künstler veranschaulicht den unkontrollierten Wettlauf des heutigen Menschen nach technischem Fortschritt und materiellen Gütern.

Weil wir täglich mit Geld zu tun haben, ist uns der Umgang mit ihm sehr vertraut. Der Mensch hat die Neigung, in der Umgangssprache für Dinge, die er sehr liebt, die er besonders gut kennt oder vor denen er eine gewisse Scheu hat, andere Bezeichnungen zu verwenden. Neben bestimmten Bereichen ist es vor allem das Geld, das sehr viele »Spitznamen« bekommen hat. Da man die eigene starke Neigung dazu nicht so offen zeigen möchte, belegt man gerade diesen begehrten wertvollen Gegenstand mit etwas abfälligen oder lustig klingenden Namen. Man untertreibt also.

Einige solcher Namen hast du soeben kennengelernt. Schreibe sie hier mit auf und ergänze den Wortstern mit ein paar Bezeichnungen, die dir noch einfallen!

Wir verwenden solche Namen und setzen natürlich ihre Kenntnis bei unseren Gesprächspartnern voraus. Trotzdem wissen wir bei den wenigsten Begriffen etwas über die ursprüngliche Bedeutung. Über sie können wir uns in Lexika, Wörterbüchern oder Nachschlagewerken zur Umgangssprache informieren. Bei manchen allerdings ist die Herkunft überhaupt nicht bekannt oder umstritten.

So kann die Bezeichnung Marie für Geld eine scherzhafte Anspielung auf den katholischen Feiertag »Mariä Empfängnis« am 8. Dezember sein, weil man am Zahltag auch seinen Lohn (=Marie) in »Empfang« nimmt, oder es handelt sich um eine Abkürzung für den lange und sehr weit verbreiteten Maria-Theresia-Taler, der zuerst im Jahr 1753 im Namen der österreichischen Kaiserin geprägt wurde. Vielleicht ist es auch eine Form des Zigeunerwortes »maró«, das »Brot« heißt, aber im Umgang mit der Bedeutung »Geld« gleichgesetzt wurde.

Über Geld sollten wir schon Bescheid wissen, sonst geht es uns wie den Beteiligten in diesem Witz:

> Ein Geldfälscher hat von seinem Chef den Auftrag, 20-Mark-Scheine herzustellen.
> Ihm passiert ein großer Fehler. Aus Versehen schreibt er überall die Zahl 21 darauf. Der Chef meint: »Das ist nicht so schlimm! Du fährst mit den Blüten nach Ostfriesland und wechselst sie dort; da merkt es sowieso keiner.«
> In Ostfriesland geht der Fälscher in das nächste Geschäft und bittet darum, daß man ihm den Schein wechsle. Die Verkäuferin schaut den Schein an und fragt: »Dürfen es drei Siebener sein?«

Daß sich so etwas Ähnliches tatsächlich ereignen kann, beweist folgende Meldung in der Süddeutschen Zeitung vom 16. 12. 1981:

55-Mark-Schein wechselt Besitzer

Tauberbischofsheim (dpa)
Eine über 55 Mark lautende Banknote hat eine Bäckerei-Inhaberin in Tauberbischofsheim anstandslos gewechselt. Ein bisher Unbekannter hatte den Laden der 69jährigen Frau kurz vor Ladenschluß betreten und gebeten, seinen Geldschein zu wechseln. Die Frau griff in die Kasse und händigte 55 Mark Wechselgeld aus.

Am Anfang war kein Geld

Wie und warum das Geld entstanden ist

Bei den Menschen der Frühzeit, besonders bei den seßhaft gewordenen Ackerbauern und Viehzüchtern, war der Bestand an Rindern für die Lebens- und Vermögensverhältnisse entscheidend. Noch bis in unsere Gegenwart hat man Besitzgröße und Ansehen eines Bauern an seinem Viehbestand gemessen. So wurde das Rind zu einem der frühesten und wichtigsten Tausch- und Zahlungsmittel, ja überhaupt zum Wertmesser für alle anderen Dinge. Der große griechische Dichter Homer schildert in seinen Epen (Versromanen), daß der griechische Held Diomedes neun Rinder, Glaucus bereits hundert Rinder für eine Rüstung bezahlen mußte.
Das Vieh spielte eine so große Rolle, daß sich das Wort in verschiedenen Sprachen im Laufe der Zeit zur Bezeichnung für das spätere »Geld« entwickelte. In der lateinischen Sprache hieß »pecus« das Vieh und »pecunia« die Herde, was später der Begriff für Vermögen oder Geld wurde.
Noch heute sprechen wir von guten oder schlechten »pekuniären« Verhältnissen und beschreiben damit die finanzielle Lage, in der sich jemand befindet. Das englische Wort »fee« stammt aus derselben Wurzel wie das deutsche »Vieh« und bedeutet da »Vermögen, Abgabe«. Unser Wort »Schatz« ist mit dem altfriesischen »sket« verwandt, der Bezeichnung für Vieh. Die Benennung der heutigen Währungseinheit in Indien, »Rupie«, leitet sich von »rupa« her, dem alten Wort für Herde.
Im ersten Kapitel konnten wir sehen, daß sich bei verschiedenen Völkern und zu verschiedenen Zeiten noch viele andere Gegenstände zu gültigen Tauschmitteln entwickelt haben und lange Zeit oder sogar bis heute geblieben sind. Eine

Bedingung für den Austausch von Waren war natürlich, daß manche Menschen bestimmte lebensnotwendige Dinge im Überfluß besaßen, also davon etwas abgeben konnten, dafür aber andere Gegenstände dringend benötigten. Besonders mit der beruflichen Spezialisierung kam es allmählich zu einem regen Warenaustausch. Der eine züchtete nur Vieh, ein anderer schmiedete Äxte, und ein dritter stellte Töpferwaren her. Bald empfand man es als beschwerlich und umständlich, wenn man »einkaufen« ging, als Zahlungsmittel seine Kuh mitzutreiben oder schwere Tonkrüge mitzuschleppen. Aus dem Bedürfnis heraus, den Handel zu vereinfachen, entwickelten sich handlichere Zahlungsmittel, wie wir sie schon am Anfang kennengelernt haben. Bald trat auch das Geld hinzu, und zwar zunächst nur in Form der Münze.
Schon in der Zeit seiner Entstehung mußte dieses Geld ganz bestimmte Voraussetzungen erfüllen:

- Es mußte ziemlich klein, leicht und gut transportierbar sein. Deshalb kam man auf die flache Scheibenform, die meistens kreisrund, manchmal auch länglich, oval oder eckig war.
- Das Material des Zahlungsmittels, das ziemlich strapaziert wurde, mußte besonders haltbar sein, sollte sich aber doch gut formen und bearbeiten lassen. Dafür bot sich nur Metall an. Außerdem konnte man es, im Gegensatz zu Naturalgeld, unbeschränkt aufbewahren.
- Das Geld selbst sollte einen echten Gegenwert zur Ware verkörpern. Deshalb wurde anfangs Geld nicht gezählt, sondern gewogen. Aus diesem Grunde verwendete man bevorzugt seltene und schon immer begehrte Edelmetalle wie Silber und vor allem Gold, für kleinere Münzen auch Blei, Eisen, Kupfer oder bestimmte Legierungen (also zum Beispiel Mischungen aus Bronze und Messing).
- Die Beschaffenheit des Geldes sollte nicht nur in Größe, Form, Gewicht und Material einheitlich sein, sondern für

den gemeinsamen Gebrauch im Aussehen noch weitere Kennzeichen aufweisen. Erst durch die Prägung, manchmal nur auf einer Seite, im allgemeinen aber auf Vorderseite (Kopfseite oder Avers) und Rückseite (Schriftseite oder Revers), wurde das Metallscheibchen zu wirklichem »Geld«. Also erst nachdem der Herrscher oder der Staat ein Zeichen oder Bild auf die Metallscheiben hatte einprägen lassen, war sowohl die Berechtigung als allgemein gültiges Zahlungsmittel als auch die Wertgarantie gegeben. Außerdem konnte man den Herstellungsort und vielleicht auch den Geltungsbereich des Geldes ablesen. Vor allem war der alles entscheidende Nennwert angegeben, der früher noch häufig dem Metallgewicht entsprach.

Erst mit der überwiegenden Verwendung der Münzen als Zahlungsmittel wurde der Übergang von einer geldlosen Wirtschaft, also vom Naturaltausch, zur Geldwirtschaft vollzogen. Man nimmt an, daß die Entwicklung des Münzwesens im 7. Jahrhundert vor Christi Geburt von Kleinasien, der heutigen Türkei, ausgegangen ist. Im Landesinneren lebten die Lyder an einem goldreichen Fluß. Einer der bekanntesten Könige dieses Kaufmannsvolkes war Gyges, welcher der Sage nach einen Zauberring besaß. Er ließ Goldmünzen herstellen und einen Löwenkopf aufprägen. Überhaupt blieb der Löwe als Inbegriff königlicher Macht eines der beliebtesten Wappentiere. Noch bekannter dürfte uns heute Krösus, der letzte Lyderkönig, sein. Der eroberungsfreudige Herrscher ließ bereits Münzen aus verschiedenen Metallen, aus Silber oder reinem Gold, prägen. Er unterwarf die griechischen Handelsstädte an der Küste und verlangte von ihnen hohe Tributzahlungen. Dadurch wurde er der reichste Herrscher seiner Zeit. Noch heute bezeichnen wir einen sehr reichen Mann als »Krösus«. Und trotzdem fand auch er ein unglückliches Ende. In Delphi, einem griechischen Heiligtum, war ihm geweissagt worden, er würde, wenn er den Fluß Halys überschreite, ein großes Reich zerstören. Es stellte sich heraus, daß damit sein eigenes gemeint war, denn er wurde bei seinem Eroberungszug vom Perserkönig besiegt.

Die ältesten Münzen aus einer Gold-Silber-Mischung, sogenannte Elektron-Stater, aus dem 7. Jahrhundert vor Christus

Die Perser hatten schon ungeprägte Metallstäbchen als Zahlungsmittel gekannt. Berühmt wurden erst die Goldmünzen des Großkönigs Dareios. Sie waren mit dem Bild des Herrschers gekennzeichnet und erhielten den Namen »Dareikos«.

Dareiken
mit dem Perserkönig im Knielauf, mit Speer und Bogen

Alexander der Große, der vor etwa 2300 Jahren Persien unterwarf und bis nach Indien vordrang, schuf in seinem riesigen Reich bereits eine einheitliche Währung in Goldmünzen.

Münzbild
König Philipps von Mazedonien

Münzbild
Alexanders

In Athen, dem Mittelpunkt der griechischen Antike, hatte der Gesetzgeber Solon schon 593 vor Christus auch das Münzwesen neu geordnet. Im Umlauf war bereits die Drachme, eine Münze, die noch die heutige griechische Währungseinheit bezeichnet. Solon ließ nun eine große Silbermünze im Wert von vier Drachmen prägen. Dieser Tetradrachmon (griechisch tetra heißt vier) zeigte auf der einen Seite die Schutzgöttin der Stadt, Athene, auf der anderen Seite das ihr heilige Tier, die Eule.

Von diesem Sinnbild der Eule leitet sich eine heute noch sehr gebräuchliche Redewendung her: *Eulen nach Athen tragen.* Abbildungen dieses heiligen Vogels gab es in Athen nämlich so viele, und zwar nicht nur auf Münzen, daß man mit ihr ausdrücken will, es werde etwas ganz Überflüssiges getan. Ich könnte also zum Beispiel sagen, einem Blumenhändler, bei dem ich eingeladen bin, Blumen mitzubringen, hieße Eulen nach Athen tragen.

Große Reiche konnten nur Bestand haben mit einem gut organisierten Münzwesen, das zentral in der Hand des Staates oder des Herrschers lag und genau überwacht werden konnte. Ein solches Münzwesen war auch eine entscheidende Grundlage für das Funktionieren des riesigen Römischen Reiches. Besonders seit Kaiser Augustus, der um Christi Geburt regierte, nahmen die jeweiligen Herrscher dieses Hoheitsrecht für sich und ihre Familien allein in Anspruch. Aus dieser Zeit stammt das Wort »Moneten«, das auch in viele andere Sprachen Eingang fand: Die römische Hauptmünzstätte befand sich nämlich im Tempel der Göttermutter Juno in Rom, und Junos Beiname war Moneta, was ursprünglich

Vorderseite:
Juno Moneta

Rückseite:
Münzwerkzeuge

»Ermahnerin« oder »Warnerin« hieß. Dieser Sinn verblaßte, und das Wort »Moneta«, das auf der Münze neben dem Porträt der Göttermutter Juno zu lesen war, wurde bald zum Begriff für Geld selbst. Nicht nur das deutsche Wort »Münze« stammt davon ab, auch das englische »money«, das französische »monnaie« (Kleingeld), das spanische »moneda«, das holländische »munt« und viele andere Bezeichnungen in fast allen europäischen Sprachen. Deshalb versteht jeder die umgangssprachliche Aufforderung: »Rück endlich deine Moneten raus!«

Etwa seit der Regierung Cäsars – kurz vor Christi Geburt – war es üblich geworden, daß sich die Herrscher schon bei Lebzeiten mit Porträts auf den Münzen verewigen ließen. Durch starkes Gewinnstreben und durch hohe Ausgaben für Verwaltung und Kriege riß in Rom die Unsitte ein, die Qualität des Geldes zu verschlechtern, um die Staatskasse aufzubessern. Also wurde zum Beispiel der ursprüngliche Silbergehalt bei Münzen stark gesenkt, so daß der Materialwert des Geldes jetzt bei weitem nicht mehr seinem Nennwert entsprach. Solche Betrügereien bewirkten, daß das Vertrauen in die Währung und damit in die Wirtschaft sank. So läßt sich vom Ende des Römischen Reiches an bis ins frühe Mittelalter sogar wieder eine teilweise Rückkehr zum Tauschhandel beobachten.

Die Münzordnung Karls des Großen um 800, die von einem Pfund Silber als Maßeinheit ausging, brachte für Europa noch einmal eine Vereinheitlichung des Geldwesens. Dann aber entwickelten sich immer mehr Kleinstaaten, und jeder Landesherr nahm natürlich seine Münzhoheit in Anspruch. Dieses Vorrecht wurde auch an geistliche Herren, Bischöfe und Äbte, verliehen und von freien Reichsstädten beansprucht. So wurde das Geldwesen unübersichtlich und brachte, da jeder machte, was er wollte, eine deutliche Verschlechterung des Münzmetalls mit sich. Im hohen Mittelalter, um 1200, waren besonders Hohlpfennige, sogenannte Brakteaten, im Umlauf. Es handelte sich um Münzen aus dünngewalztem Silberblech, die nur einseitig geprägt waren und auf deren Rückseite also die Hohlform zu erkennen war.

Vorderseite eines Hohlpfennigs

Wenn wir die guten Eigenschaften eines Menschen hervorheben wollen, dann sagen wir: Der ist *von echtem Schrot und Korn.* Diese bildhafte Redewendung stammt aus der alten Münzersprache. Schrot oder Rauhgewicht bezeichnete das Gesamtgewicht einer Münze, Korn das Feingewicht, das heißt den tatsächlichen Gehalt an reinem Gold oder Silber ohne Zutaten. Die Qualität einer Münze bestimmte sich demnach vom Verhältnis des Schrots zum Korn. Je mehr Schrot und Korn übereinstimmten, um so höher war ihre Qualität.
Im Spätmittelalter blühte der Handel auf, und die Städte entwickelten sich zu Mittelpunkten des Wirtschaftslebens. Das Zahlungsmittel Geld spielte dabei eine immer größere Rolle. Zu den Berufen des Kaufmanns und Münzers (der die Münzen herstellt, prägt) kamen neue Geldberufe. Wegen der unterschiedlichen Münzeinheiten, die in den vielen Kleinstaaten in Gebrauch waren, wurden die Geldwechsler zu einer wichtigen Schaltstelle im Wirtschaftsleben einer jeden Stadt.

›Der Geldwechsler und seine Frau‹,
ein Gemälde von Marinus von Reymerswaele (1539)

Weitere Berufe, die mit Geld zu tun hatten, waren der Geldverleiher und der Pfandleiher, der Geld gegen hinterlegte Gegenstände verlieh. Pfandleihanstalten gibt es noch heute. Die von den ursprünglichen Besitzern nicht mehr eingelösten Altwaren, den »Trödel«, versucht der Pfandleiher günstig zu verkaufen; von daher stammt auch die Bezeichnung Trödler. Geld gegen Zinsen (Gebühren) ausleihen war Christen im Mittelalter verboten, deshalb nahmen sich die Juden, denen wiederum andere Berufe nicht offenstanden, in ganz Europa dieses Geschäfts an und gelangten dadurch manchmal zu Reichtum. Nicht zuletzt deshalb kamen sie als »Wucherer« und »Halsabschneider« immer mehr in Verruf und lösten bei ihren nichtjüdischen Mitbürgern Neid aus. Wenn sich jemand bei ihnen einen Betrag auslieh, mußte er vielleicht sogar den doppelten zurückzahlen, weil die Zinsen oder Leihgebühren sehr hoch waren. Die Geldverleiher waren meist gezwungen, sehr hohe Zinsen, fast immer um die 50% oder mehr, zu nehmen. Ihr Berufsrisiko war nämlich sehr hoch. Viele Kaufleute, deren Warenzüge überfallen wurden oder deren Handelsschiffe untergingen, konnten das entliehene Geld nicht mehr zurückzahlen. Über Jahrhunderte hinweg mußten die Juden stets mit Vertreibung und Verfolgung rechnen, oft wurden sie ihres Vermögens beraubt, und ihr Leben war bedroht.

Eine Wechselstube im 16. Jahrhundert
Holzschnitt

So machten sich Menschen, die mit Geld handelten und denen man auch noch betrügerische Absichten zutraute und womöglich nachweisen konnte, recht unbeliebt, und man wünschte ihnen, sie möge doch der Teufel holen. Eine solche Szene zeigt die folgende Abbildung:

In der Zeit des 30jährigen Krieges (1618–1648) und in der wirtschaftlich schlechten Zeit danach trat eine starke Münzverschlechterung ein. Betrügerische Geldwechsler, Goldwäger und Münzfälscher nahmen zu, so daß die Bevölkerung vor diesen »Kippern und Wippern«, wie die Goldwäger hießen, gewarnt werden mußte.

Dieser Kupferstich auf einem Flugblatt wendet sich gegen das Unwesen der Kipper und Wipper.

Bekannte frühere Münzeinheiten

Der **Pfennig** war schon seit dem 8. Jahrhundert eine wichtige deutsche Währungseinheit. Anfangs wurde er in Silber, später nur noch in Kupfer geprägt. Er hat alle Zeiten überlebt und ist heute unsere kleinste Münze.

Die **Mark** hat ihren Namen von der lateinischen Bezeichnung »marca argenti«. So hieß ursprünglich eine Kerbe, eine »Markierung«, die auf den Silberbarren angebracht wurde. »Mark« nannte man im Mittelalter zunächst eine Gewichtseinheit für Edelmetall, später wurde sie zur Bezeichnung für eine Silbermünze. Ab 1873 war die Mark Währungseinheit in Deutschland, ab 1924, nach der ersten Währungsreform, war es die Reichsmark, seit der zweiten 1948 ist es die Deutsche Mark.

Der **Gulden** (»golden«) wurde seit 1252 in Florenz, einer der reichsten Handelsstädte, geprägt. Er wurde in Deutschland seit dem 14. Jahrhundert als »rheinischer Gulden« mit einem allerdings zunehmend schlechteren Feingehalt an Gold nachgeprägt, später auch in Silber. Nach dem Ursprungsort hießen die Münzen weiterhin auch »Florenen« (abgekürzt: fl). Die ungarische Währungseinheit »Forint« erinnert heute noch daran.

Dukaten ließ 1140 zuerst der Normannenkönig Roger II. von Sizilien schlagen. Da er zugleich Herzog von Apulien war, stand auf den Münzen »Duca« (Herzog) eingeprägt. Deshalb nannte man sie später Dukaten. Diese Münzen verdrängten allmählich den Gulden und wurden das wichtigste Zahlungsmittel in Gold. Dukaten waren lange Zeit in vielen Ländern Europas im Umlauf. In Deutschland galten sie noch bis etwa 1850.

Schilling ist eine sehr alte Geldeinheit; er bezeichnete im frühen Mittelalter eine Summe von 12 Pfennigen. In England ist man lange bei dem alten Zwölfer-Einteilungssystem geblieben. Auch der Schilling in Österreich trägt nur noch den Namen und stellt eine Geldeinheit von 100 Groschen dar.

Der **Groschen** lebt bei uns im Volksmund fort, in Österreich ist er die kleinste Währungseinheit als hundertster Teil des

Schillings. Der Name dieser Münze, die ursprünglich ebenfalls in Florenz geprägt wurde und einen Wert von mehreren Pfennigen darstellte, stammt von »denarius grossus«, was soviel wie »dicker Pfennig« heißt. Die Aussprache »sch« in Groschen geht auf die tschechische Schreibweise »groš« zurück (š wird sch gesprochen).

Der **Kreuzer,** eine Silbermünze, die zuerst 1271 in Meran, später in Verona geprägt wurde, hatte auf der Rückseite ein Doppelkreuz. Seit dem 16. Jahrhundert war der Kreuzer Reichsmünze, und zwar als $\frac{1}{60}$ Gulden. Seit etwa 1500 wurde im süddeutschen Raum eine dickere Münze geprägt, der **Batzen.** Er hatte einen Wert von vier Kreuzern oder 16 Pfennigen.

Der **Heller** war lange Zeit verbreitet. Er wurde zuerst um 1200 in der Salzstadt Hall (»hal« heißt Salz; heute Schwäbisch Hall) im Auftrag des Kaisers Friedrich Barbarossa als Haller pfenninc aus Kupfer geprägt. Dann wurde er abgekürzt Haller, Häller, Heller genannt. In der Tschechoslowakei sind heute 100 Haleru eine Krone, und auch die Benennung für die ungarische Kleinmünze »Filler« ($\frac{1}{100}$ Forint) leitet sich vom Heller her. In manchen Teilen Deutschlands galt der Heller noch bis nach 1870, doch war er im Laufe der Zeit zur kleinsten, nicht mehr teilbaren Münzeinheit geworden. Das zeigt die bis heute gebräuchliche Redensart *keinen roten Heller für etwas ausgeben* (gemeint ist die billige rötliche Kupfermünze), wenn man die völlige Wertlosigkeit einer Sache bezeichnen möchte. Ein Studentenlied von 1830 meint dasselbe:

> Ein Heller und ein Batzen,
> die waren beide mein,
> der Heller ward zu Wasser,
> der Batzen ward zu Wein.

Der **Taler** wurde 1518 in dem böhmischen Bergmannsort Joachimsthal aus Silber geprägt. Als Reichstaler hatte er jahrhundertelang eine große Bedeutung, und sein Name wurde als Münzbenennung in viele Länder übernommen. Am bekanntesten ist heute der **Dollar.**

Bisher wurde fast nur von Münzen gesprochen, weil sie am Anfang des Geldwesens standen und dieses jahrtausendelang bestimmten. Doch hat sich in der Gegenwart ein völliger Wandel vollzogen. Metallgeld eignet sich vor allem für den täglich anfallenden kleineren Zahlungsverkehr und auch für die Benützung in Automaten oder Parkuhren. Für größere Zahlungen sind Banknoten (Papiergeld) notwendig. Auf die Idee, einen Papierschein mit einem Wertbetrag zu bedrucken und ihn als anerkanntes Zahlungsmittel zu verwenden, ist man notgedrungen schon vor langer Zeit gekommen. In China, wo auch das Papier erfunden wurde, soll es Papiergeld schon vor über 1000 Jahren gegeben haben.
Die Entstehung der Banknoten hängt, wie der Name schon sagt, eng mit der Entwicklung des Bankwesens zusammen. Der Begriff Bank stammt von dem italienischen Wort »banca«; damit war der Tisch gemeint, an dem die Geldwechsler, häufig im Freien, ihrem Geschäft nachgingen. Und in Venedig ist um die Mitte des 12. Jahrhunderts auch die erste Bank im modernen Sinn entstanden.
Im Altertum hüteten Priester in Tempeln den Staatsschatz, im Mittelalter übernahmen Banken die Aufgabe der sicheren Geldaufbewahrung. Dies war aber nicht die einzige Funktion, es bildeten sich noch viele andere wichtige Aufgaben heraus (siehe dazu das Kapitel ab Seite 64).
Die Kaufleute bekamen, wenn sie mit schweren Säcken voller Geld- und Silbermünzen auf Einkaufsreise gingen, die Unsicherheit des Weges, mit Überfällen durch Räuberbanden, Raubritter oder Piraten, immer stärker zu spüren. Deshalb hinterlegten sie ihr Geld bei Banken und ließen sich darüber Quittungen (Bestätigungen) ausstellen. Da die Geschäftspartner, die sie auf der Reise besuchten oder trafen, diese Belege anerkannten und sie als Schuldscheine oder Überweisungsaufträge annahmen, wurden diese vom Material her wertlosen Zettel allmählich zu allgemein anerkannten Zahlungsmitteln. Die Bank bürgte für sie, und die Geldsum-

men, die auf den Scheinen genannt wurden, waren durch die Einlagen bei der Bank gedeckt, also abgesichert. Aus diesem Verfahren entwickelten sich allmählich die vom Staat gedruckten und überwachten Banknoten, aber auch der bargeldlose Zahlungsverkehr. Denn von nun an wurden die Geschäfte nur noch mit schriftlichen Belegen abgewickelt, ohne daß die Geldmenge in bar übergeben werden mußte.

Der mittelalterliche »Bankschalter«, an dem die eingezahlten Geldbeträge in einem Buch registriert werden, zeigt die Entwicklung vom Bargeld zum Buchgeld. Man spricht auch von Giralgeld (italienisch giro heißt Kreis, Umlauf), da es sich hier um bargeldlosen Zahlungsverkehr handelt.
Mit der Banknote sind wir bei einem Zahlungsmittel angelangt, das sich von dem früheren Metallgeld schon wesentlich unterscheidet. Aber es gibt heute noch weitere recht unterschiedliche Arten von Geld, die als gültige Zahlungsmittel im Umlauf sind.

1 Beim vollwertigen Geld entsprechen sich Materialwert und Nennwert. Der Goldgehalt einer Münze ist tatsächlich dasselbe wert wie die gekaufte Ware, sie entspricht also ihrem Realwert. Solches Geld, das am Anfang der ganzen Geldentwicklung stand, wird heute noch in manchen Ländern geprägt, in Deutschland allerdings schon lange nicht mehr. Solche Münzen heißen Kurantmünzen (was ungefähr heißt: im Umlauf befindlich). Von ihnen unterscheiden müssen wir Gedenkmünzen, die auch bei uns zu bestimmten Anlässen in beschränkter Zahl geprägt werden und bis 1979 aus Silber bestanden. Sie sind ebenfalls gesetzlich als Zahlungsmittel anerkannt, doch gelangen sie kaum in den Umlauf, weil ihr Sammlerwert manchmal sehr schnell steigt und sie niemand mehr für den ursprünglichen Kaufpreis, den Nennwert, hergeben möchte.

Die 5-DM-Gedenkmünze von 1952 wurde zum 100jährigen Jubiläum des Germanischen Museums in Nürnberg geprägt und hat inzwischen einen Sammler- und Marktwert von 2000 DM erreicht. Ganz ausscheiden müssen wir hier Gedenkmedaillen, die zu irgendwelchen Anlässen aus Edelmetall geprägt und im freien Handel zu »Liebhaberpreisen« angeboten werden. Hierbei handelt es sich nicht um Geld, da sie kein anerkanntes Zahlungsmittel darstellen.

2 Fast alle heute im Umlauf befindlichen Münzen sind unterwertiges Geld. Sie werden Scheidemünzen genannt. Der Nennwert ist höher als der Materialwert. Für sie trifft zu: Je höher der Nennwert einer Münze, desto größer wird der Abstand zum Materialwert.

Nehmen wir als Beispiel unsere normale 5-DM-Münze. Sie bedeutet im Zahlungsverkehr einen Wert von 5 DM, das Metall, aus dem sie besteht, ist aber nur ein paar Pfennige wert. Das war bis 1974 etwas anders; da hatte diese Münze noch einen hohen Silbergehalt. Um die Herstellungskosten zu senken, verwendet man seitdem nur eine viel billigere Kupfer-Nickel-Legierung. Es kann aber auch sein, daß bei ganz niedrigen Münzeinheiten, wie bei unserem Ein- und Zweipfennigstück, die Herstellungskosten den Nennwert sogar etwas übertreffen.

Oben das 5-DM-Stück bis 1974, unten das 5-DM-Stück seit 1975

3 Stoffwertloses Geld ist hauptsächlich das Papiergeld, das aber als Kurantgeld vollgültiges Zahlungsmittel ist. Wir sprechen heute sogar, wie in der Bundesrepublik Deutschland auch, von einer Papierwährung. Das Drucken von Banknoten kostet natürlich schon etwas, aber der Materialwert eines »Papierfetzens« ist nicht mehr erkennbar. Besonders dann nicht, wenn auf dem Papier ein Nennwert von 1000 DM aufgedruckt ist.

Münzen werden geprägt, Scheine gedruckt

Vom Geheimnis der Geldherstellung

Zwei gesetzliche Zahlungsmittel sind bei uns im Umlauf: Banknoten (Papiergeld) und Münzen (Metallgeld). Während man mit Banknoten in unbeschränkter Höhe zahlen kann, darf man dies mit Münzen nur bis zu einer bestimmten Höhe. Markstücke brauchen nur bis zu einem Betrag von 20 DM angenommen zu werden, für Pfennige gilt eine Höchstgrenze von 5 DM. Wenn ein Mädchen nach altem Brauch seine Brautschuhe mit gesammelten Pfennigen bezahlen möchte, kommt es also schon auf das Wohlwollen des Schuhverkäufers an.
Wie unsere gesetzlichen Zahlungsmittel hergestellt werden, wird nicht jedermann in allen Einzelheiten verraten. Die Absicht ist klar: Eine einfache Herstellungsweise würde noch mehr Menschen zum Fälschen anregen.
Das Metallgeld hat eine längere Geschichte als das Papiergeld. Münzen werden fast immer geprägt, selten gegossen. Dies letzte geschieht hauptsächlich durch Fälscher. Die Herstellung hat sich von der Antike bis heute zwar in bezug auf Präzision (Genauigkeit) und Geschwindigkeit verändert, der Arbeitsvorgang aber ist im Prinzip derselbe geblieben.
Die Münzen wurden in der Antike mit der Hand geprägt, und zwar mit Hilfe von Hammer, Obereisen und Amboß. Das war eine sehr beschwerliche Arbeit. Künstler mußten für die Prägestempel jeweils das spiegelverkehrte Bild der Münze, eine Matrize, entwerfen. Später ließ man jeweils eine Patrize herstellen, also ein Bild, wie man es auch auf der fertigen Münze sieht. Dies war für den Stempelschneider einfacher.

Münzwerkstätte und Münzschläger

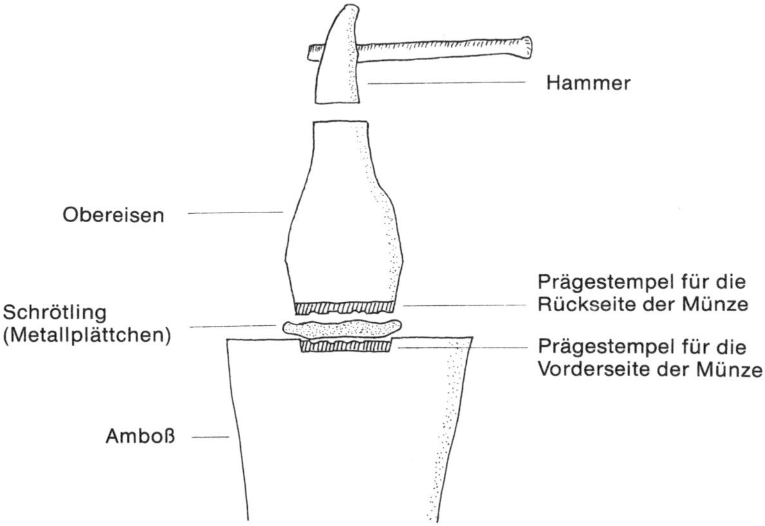

Der Holzschnitt von Hans Burgkmair aus dem Jahre 1500 mit der Münzwerkstätte und dem Münzschläger zeigt, daß sich lange Zeit an dem gesamten Arbeitsvorgang nicht viel geändert hat. Die Münzmeister oder Münzerhausgenossen (Mitglieder dieser Zunft) waren angesehene Leute und gehörten in den Städten zur Oberschicht der Bevölkerung; ihnen oblag die wichtige und verantwortungsvolle Aufgabe, das Edelmetall zu beschaffen und das Stanzen und Prägen der Münzen zu überwachen. Natürlich kam es öfter zum Mißbrauch.

Ein Münzmeister des 17. Jahrhunderts hat sich mit einem Bild und mit Versen, die den ganzen Stolz des Berufsstandes verraten, im Stammbuch eines Freundes verewigt:

„Gold und Silber münzen ist gar ein freie Kunst,
die Arbeit dran ist nit umsunst,
so fressen's auch nit die Motten noch die Schaben,
man darf auch nit Langweile daran haben,
wann's fertig ist, ist es bar Gelt,
das andern Künsten gar weit fehlt."
„Mintzer sein groß zu achten,
haben sie kein Geldt,
kunnen sie's doch machen."

Ein wichtiger Schritt in der Entwicklung der Münzprägung vollzog sich mit der hier abgebildeten Spindelpresse im 18. Jahrhundert. Jetzt wurde die schwere Handarbeit von der mechanischen Prägung abgelöst. Auch der heutige Herstellungsvorgang erinnert noch an dieses Verfahren, obwohl er weiter mechanisiert und automatisiert worden ist.

Spindelpresse

In der Bundesrepublik Deutschland gibt es vier Münzstätten, die jeweils ihr Münzzeichen mit einprägen:

D = München
F = Stuttgart
G = Karlsruhe
J = Hamburg

An dem Buchstaben auf einer Münze kann man also jederzeit feststellen, wo diese geprägt worden ist. Früher waren mehr Münzstätten in Betrieb. Zum Beispiel: Hannover = B, Frankfurt am Main = C. Ost-Berlin hat heute das alte Berliner Münzzeichen A.

Vom flüssigen Metall zur geprägten Münze

Münzen werden in den vier deutschen Münzprägeanstalten im Auftrag der Bundesrepublik Deutschland geprägt. Vorausgegangen ist ein Wettbewerb, bei dem von Künstlern Entwürfe für das Erscheinungsbild der Münze eingereicht wurden. Nun wird das ausgewählte Modell aus Gips in der endgültigen Größe in Stahl gefräst, so daß jetzt eine Patrize entsteht. Für die Prägung wird allerdings das Spiegelbild, die Matrize, benötigt. Deshalb wird unter ungeheuer hohem Druck die Patrize in ungehärteten Stahl versenkt. Damit steht das Negativbild zur Verfügung. Mit solchen Urstempeln, jeweils für Vorder- und Rückseite, werden in den Münzprägeanstalten mit großen, weitgehend automatisierten Spezialmaschinen unsere Münzen geprägt.
Neben den Herstellungswerkzeugen wird dafür der Rohstoff, das Metall, benötigt. Metallwerke stellen eine bestimmte Legierung (Mischung) her, zum Beispiel für die 50-Pfennig- und 1-DM-Stücke eine Kupfer-Nickel-Legierung. Das flüssige Metall wird in Stahlformen (Kokillen) gegossen, wo es zu Schienen, den sogenannten Zainen, erkaltet und erstarrt. Diese werden zwischen zwei Walzen auf die fünffache Länge ausgewalzt und auf die gewünschte Stärke gebracht. Jetzt werden von einer Maschine die Münzplättchen oder Ronden ausgestanzt. Nach einigen weiteren Arbeitsvorgängen wie Reinigung oder Gewichtsüberprüfung werden diese Münzrohlinge an die Münzprägeanstalten geliefert.
Nun kommt es zum eigentlichen Prägevorgang. Wenn die umlaufende Randinschrift angebracht ist, wird jede Ronde in einen Prägering geschoben und bei einem Druck von 40–100 Tonnen zwischen dem Ober- und Unterstempel (Vorder- und Rückseite) ausgeprägt. Bis zu 500 Münzen können pro Minute hergestellt werden. Durch ein Abflußrohr verlassen

sie die Maschine und werden in großen Auffangbehältern (Containern) gesammelt.
Allein das Bayerische Hauptmünzamt in München prägt täglich bis zu 2,5 Millionen Münzen. Nachdem sie gezählt und registriert sind, gehen sie, in Jutebeuteln oder, wie das 5-DM-Stück, in Rollen verpackt, an die Landeszentralbanken und gelangen so ins Geschäftsleben und auch in deine Hand.

Vorderseite

Rückseite

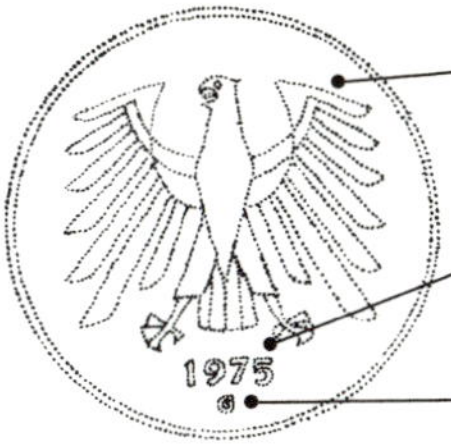

Kante

Wenn man andere Münzwerte zum Vergleich heranzieht, kann man schon einige Unterschiede feststellen. So befindet sich zum Beispiel das Zeichen für den Prägeort nicht immer an derselben Stelle, und die Randprägung ist ebenfalls verschieden gestaltet.

Die im Umlauf befindlichen Münzwerte der Bundesrepublik Deutschland

Münzen sind genormt, denn solche mit demselben Nennwert müssen von gleicher Beschaffenheit und gleichem Aussehen sein. Sie zeigen dieselben Prägebilder, können sich allerdings in Herstellungsjahr und Prägeort unterscheiden.
Münzen mit verschiedenem Nennwert unterscheiden sich meist in Größe, Legierung und Prägebild. Verschiedene Größen, Farben und Gewichte verhindern eine ständige Verwechslung der Münzen im täglichen Gebrauch und ermöglichen eine vielseitige Benützung von Automaten.
Bei den deutschen Münzen gilt: Bei gleichem Material wächst die Größe einer Münze mit ihrem Nennwert. Man muß also die Münzen nach ihrem Material in Gruppen gliedern: die Ein- und Zweipfennigstücke, dann die Fünf- und Zehnpfennigstücke und schließlich die Fünfzigpfennig-, Einmark-, Zweimark- und Fünfmarkstücke.

Von der Baumwolle zur Banknote

Die Herstellung von Banknoten ist ein äußerst komplizierter Vorgang.
Das Papier für den Druck wird in einer Papierfabrik am Tegernsee hergestellt. Es muß haltbarer und strapazierfähiger sein als normales, denn immerhin muß es mindestens 3000 Doppelfalzungen (Faltungen) aushalten. Deshalb verwendet man dafür einen edlen Rohstoff, die Baumwolle. In Ballen gelangt sie aus Ägypten, Indien und Ländern des Fernen Ostens zu uns. Die kurzen Baumwollfasern, auch Kämmlinge genannt, werden öfter gemahlen und mit Hanf und Leinen verarbeitet. Erst nach mehreren Arbeitsvorgängen ist das Material für die Papierherstellung zubereitet und wird von einem Fachmann auf seine Eignung und Qualität überprüft. Das fertige Papier muß nicht nur besonders griffig sein, sondern sogar einen typischen Klang haben.
Eine Kunst für sich ist auch die richtige Farbmischung, denn für jeden Banknotenwert erhält das Papier einen eigenen Farbton.
Hält man eine Banknote gegen das Licht, kann man zwei wichtige Erkennungsmerkmale entdecken: ein gut durchgearbeitetes und mehrfach schattiertes Kopfwasserzeichen auf der linken Seite und den dünnen, in Papier eingebetteten Sicherheitsfaden. Diese beiden Sicherheitsvorkehrungen, die sich immer an derselben Stelle befinden, erschweren eine Fälschung.
Das so bearbeitete Papier wird aufgerollt. Eine solche riesige Rolle nennt man, wie in früheren Zeiten den Trommler eines Regiments, Tambour. Natürlich wird das kostbare Banknotenpapier nicht offen gelagert. Jede Rolle wird genau kontrolliert, gestempelt und signiert und dann in einem Tresor aufbewahrt.

Der eigentliche Druckvorgang geschieht im Auftrag der Deutschen Bundesbank in den Bundesdruckereien in Berlin und Neu-Isenburg sowie bei einer dazu berechtigten Firma in München. Man verwendet eigens konstruierte Druckmaschinen, um eine bestmögliche Sicherung zu erreichen. Die Druckplatten aus Stahl werden von Stechern und Graveuren in monatelanger Arbeit behandelt. So lange dauert es, bis das Kopfbild und die Motive der Vorder- und Rückseite einer Banknote in Stahl gestochen sind. Besonders auffällig sind auf jeder Banknote die wellenförmigen Schutzlinien, die sogenannten Guillochen, die ebenfalls eingraviert werden und dem Fälscher die Arbeit entscheidend erschweren.
Bedruckt werden in den Spezialmaschinen immer gleich ganze Bogen Papier, nicht einzelne Scheine. Dabei werden, ebenfalls aus Sicherheitsgründen, mehrere Druckarten miteinander kombiniert, und die verschiedenen Farben sind so aufeinander abgestimmt, daß sie eine fotografische Wiedergabe erschweren. Auch hier werden laufend Sicherheits- und Qualitätskontrollen durchgeführt, denn keine Banknote darf von einer anderen in irgendeiner Weise abweichen, keine Stelle darf schärfer oder blasser, kein Umriß darf verschwommen sein.
Die Geldscheine erhalten alle eine eigene Notennummer mit Serienbuchstaben aufgedruckt. Dies geschieht mit eigens dafür entwickelten Maschinen. Der Druckvorgang ist damit abgeschlossen. Jeder Geldschein ist registriert, keiner kann verlorengehen. Dadurch wird auch die Entdeckung gestohlener Banknoten ermöglicht.
Schneidemaschinen zerteilen die Bogen in einzelne Banknoten. Diese werden anschließend gebündelt und von einer Verpackungsmaschine mit einem Papierband, einer Banderole, versehen. Jetzt geht das Geld über die Deutsche Bundesbank, die Landeszentralbanken und Geldinstitute in den Umlauf. Stark verschmutzte und beschädigte Banknoten werden eingezogen, vernichtet und durch neue ersetzt.

So wie sich Münzen durch Größe, Farbe und Prägebild voneinander unterscheiden, so unterscheiden sich auch die Banknoten. Bei den Scheinen mit einem hohen Nennwert hätte eine Verwechslung im Zahlungsverkehr natürlich noch schlimmere Folgen als bei geringwertigem Kleingeld. Deshalb müssen sich gerade die hochwertigen Banknoten deutlich voneinander abheben. Bei den gleichgroßen und gleichfarbigen amerikanischen Dollar-Noten kann eine Verwechslung viel leichter vorkommen als bei unseren Markscheinen. Diese unterscheiden sich in Größe und Farbe ganz auffällig voneinander. Deshalb verstehen wir es auch, wenn scherzhaft von einem »Blauen«, »Grünen« oder »Braunen« gesprochen wird. Dazu kommen noch die unterschiedlichen Motive, meist Porträts nach alten Bildern und bekannten Bauwerken. So sind die Vorderseiten des Zehn- und Zwanzigmarkscheins nach Gemälden von Albrecht Dürer gestaltet, die des Tausendmarkscheins nach einem Gemälde von Lucas Cranach dem Älteren. Auf der Rückseite des Fünfzigmarkscheins ist das Holsten-Tor, das Wahrzeichen der Freien und Hansestadt Lübeck, dargestellt.

Die Banknote mit dem Segelschiff auf der Rückseite bekommt man öfter in die Hand. Der Schein ist an anderer Stelle dieses Buches abgebildet. Welcher ist es? . . .

Vorderseite

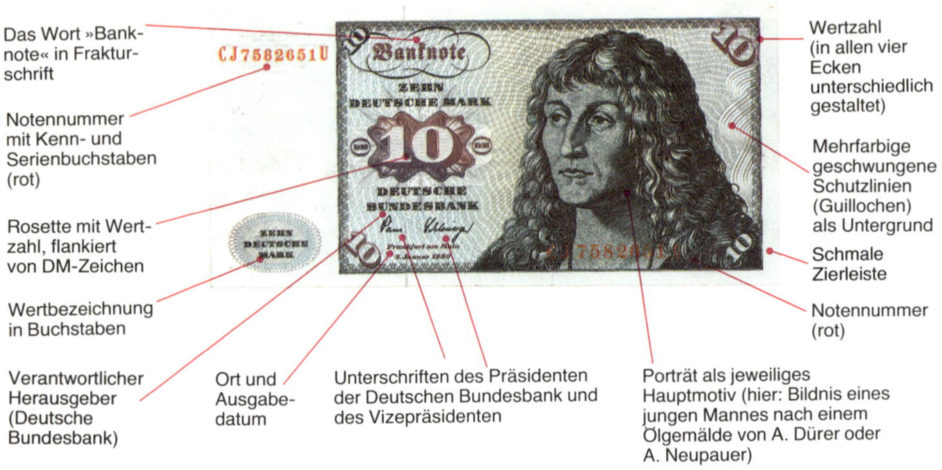

Rückseite

Alle gültigen deutschen Banknoten weisen im wesentlichen dieselben charakteristischen Merkmale auf. Sie unterscheiden sich nur geringfügig voneinander. Zum Beispiel ist bei den höheren Werten die Notennummer auch auf die Rückseite aufgedruckt.

Dollars, Lire und ein Pfund

Jedes Land hat eine eigene Währung

Wenn du deine Ferien in einem anderen Land verbringst, wunderst du dich vielleicht zunächst über die Preisangaben in den Schaufenstern. Das könnte besonders gut in Italien der Fall sein, denn bei den dortigen Preisangaben ist das gar nicht erstaunlich.

40000

160000

Natürlich wirst du dich nach dem ersten Schock erinnern, daß Italien eine andere Währung hat als Deutschland, nämlich die Italienische Lira (abgekürzt Lit), daß hier also anderes Geld im Gebrauch ist, obwohl es sich auch um Münzen und Banknoten handelt. Die hohen Zahlenangaben darauf lösen bei uns allerdings andere Wertvorstellungen aus. Für einen Italiener sind die Preisangaben ganz normal, denn er ist gewohnt, mit Lire zu rechnen und den Wert einer Ware danach zu beurteilen. Wir müssen den Lire-Preis in unsere Währungseinheit Deutsche Mark umrechnen und können erst dann einschätzen, ob uns der Preis einer Ware niedrig, zu hoch oder angemessen erscheint.

Jetzt heißt es also für uns umrechnen! Das kann manchmal »im Kopf« ganz schön schwierig sein:
Die italienischen Schuhe kosten 40000 Lire. Das sind umgerechnet ungefähr 80 DM.

Das Kleid kostet 160000 Lire.
Das sind umgerechnet ungefähr . . . DM.

Ein Eisbecher kostet 2000 Lire.
Das sind etwa . . . DM.

Bei diesen runden Zahlen ist das Umrechnen noch ziemlich einfach, doch muß man sich für den dauernden Umgang mit Geld einer Denkhilfe bedienen. Bei unserem Beispiel sieht das so aus: Ich muß den Lire-Betrag durch fünf teilen, dann erhalte ich den Pfennigbetrag deutscher Währung. Streiche ich zwei Nullen weg, habe ich den Preis in Mark. Doch kann sich jeder ein Verfahren ausdenken, das ihm am meisten entspricht.
Bei manchen Währungen ist es einfacher. Nehmen wir einmal unser Nachbarland, die Schweiz! Währungseinheit ist der Schweizer Franken (sfr), er ist ungefähr 1,20 DM wert. Das bedeutet beim Umrechnen, daß du jeweils zum Franken-Betrag nochmals ein Fünftel hinzurechnen mußt, um den ungefähren Betrag in Deutscher Mark zu erhalten. Kostet eine Armbanduhr 250 Schweizer Franken, dann sind das etwa 300 Deutsche Mark: 250+(250:5)=300. Für ein Mittagessen, dessen Preis auf der Speisekarte mit sfr 10.– angegeben ist, bezahlst du also umgerechnet 12,– DM.
Um sich besser zurechtzufinden, steht uns noch ein wichtiges Hilfsmittel zur Verfügung. Bei Banken und Sparkassen erhält man kostenlos Umrechnungstabellen für die wichtigsten Reiseländer. Hier ist der Kurs oder Kurswert, das heißt der gerade gültige Wert des Geldes, genauer ausgedruckt.

Österreich

DM	= öS	DM	= öS
0.10	0.70	30.--	209.79
0.50	3.50	40.--	279.72
1.--	6.99	50.--	349.65
2.--	13.99	60.--	419.58
3.--	20.98	70.--	489.51
4.--	27.97	80.--	559.44
5.--	34.97	90.--	629.37
6.--	41.96	**100.--**	**699.30**
7.--	48.95	150.--	1.048.95
8.--	55.94	200.--	1.398.60
9.--	62.94	300.--	2.097.90
10.--	69.93	400.--	2.797.20
15.--	104.90	500.--	3.496.50
20.--	139.86	750.--	5.244.76
25.--	174.83	1.000.--	6.993.01

Italien

DM	= Lit.	DM	= Lit.
1.--	526.32	40.--	21.052.63
2.--	1.052.63	45.--	23.684.21
3.--	1.578.95	50.--	26.315.79
4.--	2.105.26	55.--	28.947.37
5.--	2.631.58	60.--	31.578.95
6.--	3.157.89	65.--	34.210.53
7.--	3.684.21	70.--	36.842.11
8.--	4.210.53	75.--	39.473.68
9.--	4.736.84	80.--	42.105.26
10.--	5.263.16	85.--	44.736.84
15.--	7.894.74	90.--	47.368.42
20.--	10.526.32	**100.--**	**52.631.58**
25.--	13.157.89	250.--	131.578.95
30.--	15.789.47	500.--	263.157.90
35.--	18.421.05	750.--	394.736.84

Diese Tabellen wurden 1982 ausgegeben. Die Angabe des Datums ist wichtig, da sich der Kurswert des Geldes ständig leicht ändert. Den jeweiligen genauen Tageskurs, der für Geschäftsleute entscheidend sein kann, erfährt man täglich aus Börsenberichten in Zeitungen, im Rundfunk, über das Telefon oder bei Banken.
Beim Umrechnen von Währungen sollte man schon genau sein, doch genügen für unsere Zwecke die Umrechnungstabellen, die – wie gesagt – schnell veralten können.

Besorge dir eine neue Umrechnungstabelle bei einer Bank oder Sparkasse und vergleiche die Kurse mit denen auf der abgedruckten Tabelle! Du kannst deinen Eltern oder Freunden schwierige Aufgaben stellen. Sie sollen irgendwelche Preise (z. B. 38,52 DM) im Kopf, schriftlich oder mit einem Taschenrechner in eine andere Währung umrechnen!

Zur genaueren Unterscheidung ist es wichtig, daß man Währungen vollständig bezeichnet, also zum Beispiel von *Schweizer* Franken spricht, da der Begriff »Franken« – oder französisch »franc« – noch in anderen Ländern die Währung benennt, so etwa in Frankreich und Belgien. Und doch ist der Wert des Frankens in allen drei Ländern ein anderer. Nur kleinere Länder, die in einer Wirtschafts- oder Währungsunion mit dem größeren Nachbarn verbunden sind, bedienen sich manchmal desselben Zahlungsmittels. Im Fürstentum Liechtenstein ist es der Schweizer Franken, in Monaco der Französische Franc, in Luxemburg entspricht ein Luxemburgischer Franc (lfr) genau einem Belgischen Franc (bfr), und auch die belgischen Notenzeichen gelten dort gleichberechtigt als gesetzliches Zahlungsmittel.
So ist der Dollar nicht nur in den USA die Währungsbezeichnung, sondern auch in Neuseeland, Kanada, Ozeanien, Australien und vielen anderen Staaten, der Dinar in Jugoslawien, Jordanien, im Jemen und anderswo, das Pfund Sterling in Großbritannien und weiteren Ländern.
Obwohl sich die Bezeichnungen öfter überschneiden, gibt es doch fast so viele unterschiedliche Währungen auf der ganzen Erde, wie sich selbständige Staaten gebildet haben, etwa 160. Der Grund liegt hauptsächlich darin, daß jeder Staat für sich eine eigene Wirtschaftseinheit darstellt, die sich auch in einer eigenen Währung ausdrückt. Diese eigene Währung ist zugleich ein Zeichen für die Souveränität, die Selbständigkeit eines Staates. Auch deshalb bleibt die Schaffung einer gemeinsamen Währung für alle Länder der Erde, die das Zusammenleben der Völker sehr vereinfachen würde, ein Wunschziel, von dem man vorerst nur träumen kann.
Daß trotzdem in zahlreichen Staaten die Währungen denselben Namen tragen, hängt nur in wenigen Fällen mit der heutigen engen politischen und wirtschaftlichen Verbindung zusammen. Oft liegt es an der gemeinsamen geschichtlichen und vor allem sprachlichen Entwicklung. Die großen Sprach-

Gültige Banknoten verschiedener europäischer Länder: Griechenland, Österreich, Frankreich, Spanien, Italien, Jugoslawien, Schweiz

familien kennen nicht so viele verschiedene Bezeichnungen für »Geld«. Deshalb lehnen sich die heutigen Benennungen von Währungseinheiten häufig an alte Münznamen an. Auch das früher bevorzugte Edelmetall »Gold« spielt dabei eine Rolle: Der holländische »Gulden« leitet sich von daher ab, und das polnische Wort für die Währungseinheit »Zloty« heißt nichts anderes als »Gold«. Noch öfter hat die Bezeichnung ursprünglich etwas mit dem Gewicht des verwendeten Metalls zu tun. Die Bedeutung Gewicht steckt heute noch im

italienischen »lira«, im englischen »pound« oder im mexikanischen »peso«. Der Herkunftsort des Talers, den man seit 1518 im erzgebirgischen Joachimsthal prägte, hat vielen Währungen mit der Bezeichnung »Dollar« seinen Namen vererbt. Am häufigsten werden Währungen nach dem aufgeprägten Hoheitszeichen benannt. In skandinavischen Staaten ist dies die »Krone«, in Rumänien (Leu) und Bulgarien (Lew) der »Löwe«.
Die Währungen der Länder sind normalerweise nochmals in kleinere Einheiten unterteilt.
Eine Deutsche Mark hat 100 Pfennige, wobei es unterhalb des Einmarkstücks Ein-, Zwei-, Fünf-, Zehn- und Fünfzigpfennigstücke gibt. Ein Schweizer Franken teilt sich in 100 Rappen, ein Österreichischer Schilling in 100 Groschen, eine Italienische Lira in 100 Centesimi, ein Britisches Pfund in 100 Pence, ein US-Dollar in 100 Cents und so weiter.
Dieses »Kleingeld«, das meist als Metallgeld (Münze) im Verkehr ist, spielt im täglichen Leben eine wichtige Rolle. Wie oft vermissen wir ein »Zehnerl« oder einen »Groschen«, wie das Zehnpfennigstück umgangssprachlich auch genannt wird, wenn wir einen Kaugummi-, Musik-, Spiel- oder Fahrkartenautomaten, eine Parkuhr oder einen öffentlichen Fernsprecher füttern wollen. Überhaupt liegt der Preis der meisten Waren entweder unter einer Mark oder zwischen zwei vollen Markbeträgen (zum Beispiel 5,63 DM), und dann wollen wir natürlich mit Recht unser »Wechselgeld« zurück.

Wir sehen an diesen wenigen Beispielen, daß uns die Herkunft der Wörter, ihre Entwicklung und ihre heutige Bedeutung viele Geschichten erzählen können.

Wenn du dir bestimmte Namen nicht erklären kannst, schlage das Stichwort einfach in einem Lexikon nach! Probiere es einmal mit »Rubel« oder »Drachme«!

Rekorde und Kuriositäten

- Der Geldschein mit dem höchsten Nennwert ist die amerikanische 100000-Dollar-Note. Im Jahre 1935 wurden 42000 Stück gedruckt. Heute gibt es davon nur noch etwa 10 Exemplare. Leicht hat es der reiche Besitzer einer so hohen Banknote nicht. Eine Zeitung am Kiosk um die Ecke kann er mit ihr bestimmt nicht kaufen.
- Eine besonders kleine Banknote, mit 27,5×38 mm kaum größer als eine Briefmarke, war die rumänische 10-Buni-Note, die 1917 in Umlauf kam.
- Um Blinden den Umgang mit Banknoten zu ermöglichen, hat man auf ihnen in der Schweiz und in den Niederlanden an bestimmten Stellen zum Abtasten hervorstehende Punkte und Striche angebracht, die den Geldwert angeben.
- Der größte Geldschein war in China während der Ming-Dynastie vor etwa 600 Jahren gültig. Er war 32 cm lang und 23 cm breit, etwa so groß wie dieses Buch.
- Im Jahre 1644 wurde in Schweden die schwerste Münze, die es je gab, hergestellt. Es war ein 10-Taler-Stück aus Kupfer, das 22 kg wog.
- Die kleinste und leichteste Münze war vor 250 Jahren in Neapel im Umlauf. Sie war etwa 2×2 mm groß und wog nur etwa 0,01 Gramm. Die kleinste deutsche Goldmünze, der $^{1}/_{32}$ Dukat der Stadt Nürnberg von 1700, wog dagegen bei einem Durchmesser von 5 mm immerhin 0,1 Gramm, also etwa 10mal soviel.
- Früher, als bei Goldmünzen der Nennwert und der Materialwert noch übereinstimmten, schnitten Betrüger etwas vom Rand des kostbaren Metalls ab, so daß eine Münze immer kleiner wurde. Um dies zu verhindern, hat man die Beschriftung des Randes eingeführt.
- Die häufigste Münzsorte in der Bundesrepublik Deutschland ist das Einpfennigstück. Allerdings macht sie im Gesamtwert am allerwenigsten aus.

Vom Sparschwein zum Sparbuch

Die Banken und der Geldverkehr

Schon als Kind sollte man lernen, richtig mit Geld umzugehen. Die freie Verfügung über das Taschengeld kann eine wichtige Stufe dazu sein. Über die Höhe des Taschengeldes gibt es keine festen Vorschriften, nur Vorschläge für jede Altersstufe. Schulanfängern werden die Eltern *wöchentlich* einen bestimmten Betrag in die Hand geben, einem Sechsjährigen vielleicht zwei Mark. Einem älteren Kind oder Jugendlichen wird das Taschengeld für einen *Monat* im ganzen ausbezahlt, einem Zwölfjährigen vielleicht fünfzehn Mark. Eine Absicht steckt da schon dahinter. Die Höhe des Betrags steigt mit zunehmendem Alter, und auch der Planungszeitraum von einer Woche bis zu einem Monat wird länger. So wird vermieden, daß Kinder den ganzen Betrag auf einmal für etwas »Unsinniges« ausgeben, auch wenn Taschengeld in erster Linie zum ganz persönlichen Verbrauch bestimmt ist. Übriggebliebenes Geld kann gespart werden. Damit sind wir freilich an einem sehr wichtigen Punkt angelangt. Denn nicht umsonst sagt das alte Sprichwort: *Spare in der Zeit, dann hast du in der Not!*

Alte und neue Spardosen

Wer hatte nicht schon einmal oder hat noch eine Sparbüchse oder ein Sparschwein? Solche Sparbehälter für Münzen kennt man schon lange, die Formen haben sich im Laufe der Zeit allerdings immer wieder geändert.
Seit langem ist das Schwein, dieses fruchtbare Tier, ein beliebtes Glückssymbol. Auch du hast vielleicht schon öfter einmal *Schwein gehabt*!
Sparbehälter wurden aus verschiedensten Materialien hergestellt. Um vor unbefugter Öffnung sicher zu sein, ist man natürlich zu immer härteren Stoffen und raffinierteren Verschlüssen übergegangen. Dem Formenreichtum waren keine Grenzen gesetzt: Birnen, Äpfel, Kürbisse, Tannenzapfen, aber auch Fische, Hunde, Katzen, Eulen, Schnecken und selbst Nashörner wurden nachgebildet. Hinzu kommen berühmte Bauwerke, Verkehrsmittel und die Köpfe bekann-

Sparstrumpfsammlung im Tittmoninger Heimatmuseum

ter Persönlichkeiten. In vielen Museen kann man reizvolle alte Sparbüchsen bewundern, die meisten aber im »Nationalen Sparbüchsenmuseum« zu Amsterdam.
Sparstrümpfe waren bis in unsere Zeit beliebt. Auf die Herstellung der Strickgebilde hat man große Sorgfalt verwandt.
Ist die Spardose voll, kann man sich mit dem Ersparten einen langersehnten Wunsch erfüllen, oder aber man bringt das Geld zu einer Bank oder Sparkasse, also einem Geldinstitut. Das sollte man mit größeren Beträgen ohnehin tun, denn nur dort ist Geld sinnvoll aufgehoben. Wenn du dir ein Sparkonto anlegst, dann »arbeitet« das Geld für dich, es bringt Zinsen (lateinisch census heißt Abgabe, Steuer). Dies sind die Gebühren, die dir die Bank für die Überlassung deines Geldes bezahlt. Der Beleg, die Urkunde, die du dafür in die Hand bekommst und in der alles genau eingetragen wird, ist das Sparbuch. Die Zinshöhe oder der Zinssatz (auch Zinsfuß genannt) ist je nach der Höhe der Spareinlage und Dauer der zeitlichen Festlegung des Sparkontos (Laufzeit über 1 Jahr, 3, 5 Jahre oder länger) verschieden. Hast du 100 DM auf deinem Sparkonto und beträgt der Zinssatz 5% (5 Prozent), dann erhältst du nach einem Jahr 5 DM an Zinsen.
Die Geldinstitute können das natürlich nur machen, weil sie mit Geld handeln wie andere Geschäfte mit Büchern, Lebensmitteln oder Autos. Sie verleihen das bei ihnen eingelegte Geld wieder an Leute, die gerade Geld benötigen. Diesen Leuten fehlt das Bargeld zum Kauf eines Autos oder zum Bau eines Hauses. Sie nehmen einen Kredit (lateinisch credere heißt glauben, vertrauen) oder ein Darlehen (verwandt mit »leihen«) auf. Dafür bezahlen sie der Bank einen höheren Zins als den, der ihnen für ein Sparguthaben gewährt würde. Geldinstitute haben nämlich hohe Geschäftskosten und wollen auch verdienen. Wenn ich mir also 100 DM bei der Bank leihe und der Zinssatz 8% beträgt, muß ich in einem Jahr 108 DM zurückzahlen.

Erinnere dich an den Zinssatz in früheren Zeiten!
Warum wurde er da so hoch bemessen?

Sparsamkeit ist nicht mit Geiz zu verwechseln. Allerdings sollte man es nicht so machen wie manche ältere Menschen, die ihr Erspartes auf recht unsichere Weise in einer Zigarrenkiste oder unter dem Kopfkissen aufbewahren. Die Enkel eines älteren Mannes, der in Berlin gestorben war, erlebten eine besondere Überraschung. Sie fanden unter dem Bett ihres Großvaters einen ganzen Sack voller Banknoten. Doch ihre Freude war verfrüht! Die Scheine waren inzwischen alle ungültig, da sie aus der Zeit vor der letzten Währungsreform 1948 stammten.
Geld kann man für sich arbeiten lassen, man kann es vermehren. Doch möglichst nicht so, wie in dieser Scherzfrage beschrieben:

> Wie macht man mehr aus einer Mark?
> Vier Löcher reinbohren und für zwei Mark als Knopf verkaufen!

Für die sichere Aufbewahrung von Geld in Schließfächern und Tresoren und für die Abwicklung von Geldgeschäften sind die Banken und Sparkassen zuständig. Bevor man nicht volljährig ist, stehen einem noch nicht alle Möglichkeiten offen. Doch kann auch ein Minderjähriger mit Hilfe eines Erwachsenen ein Sparkonto einrichten.

Viele der etwa 45 000 Bankstellen in der Bundesrepublik Deutschland sind je nach Art untereinander enger zusammengeschlossen, um wirtschaftlicher arbeiten zu können. Sie haben auch sehr viele und komplizierte Aufgaben wahrzunehmen. Neben der genannten Möglichkeit des Sparens bieten sie noch viele andere, bei denen man sein Geld vielleicht noch nutzbringender anlegen kann. Sie beraten den Kunden und verkaufen ihm Pfandbriefe, Wertpapiere oder

Aktien, also »Anteilscheine« an einer Firma, und fördern so auch die private Vermögensbildung. Der Gewinn kann hierbei größer sein als beim normalen Sparen. Doch geht man auch das Risiko ein, daß die Aktien zwischenzeitlich fallen, ihr Verkaufswert also sinkt. Dann muß man auch Verluste hinnehmen. Die Banken verleihen nicht nur Geld, sie sind oft selbst an anderen großen Wirtschaftsunternehmen beteiligt. Sie wickeln sämtliche Geldgeschäfte mit dem Ausland ab. Man kann bei ihnen alle Devisen oder »Sorten« (ausländische Banknoten) kaufen oder verkaufen. Vielleicht erinnerst du dich, wie deine Eltern vor einem Urlaub Geld gewechselt, also Lire oder Schillinge für deutsches Geld gekauft haben!
Entscheidende Voraussetzung für die schwierige Abwicklung der täglichen Geldgeschäfte, die in die Höhe von Milliarden gehen, ist das System des bargeldlosen Zahlungsverkehrs. Das meiste Geld, mit dem gehandelt wird, bekommt man nie zu Gesicht. Es ist sogenanntes Buchgeld, das von einem Konto auf ein anderes einfach »umgebucht« wird (siehe auch ab Seite 29). Hatten früher nur Wirtschaftsunternehmen ein eigenes Konto bei einer Bank, so besitzen heute die meisten erwachsenen Menschen ein Bankkonto. Lohngelder, Renten, Rechnungsbeträge werden fast nur noch über ein Girokonto (italienisch giro=Umlauf, Kreis) bezahlt.
Wenn ich die Miete oder eine höhere Reparaturrechnung bezahlen muß, trage ich das Geld nicht persönlich zu meinem Vermieter oder zu dem Handwerker, sondern gehe zu meiner Bank und fülle jeweils einen Überweisungsauftrag aus. Damit weise ich die Bank an, einen bestimmten Geldbetrag von meinem Girokonto auf ein anderes zu übertragen.
Auch hier kann ich mir Arbeit sparen, wenn ich bei Zahlungen, die sich regelmäßig wiederholen, wie bei Miete oder Telefon, der Bank einen Dauerauftrag oder der Fernmeldestelle eine Vollmacht zur monatlichen Abbuchung der jeweiligen Summe erteile. Dann werden die Buchungsvorgänge immer zum fälligen Termin durchgeführt, ohne daß ich

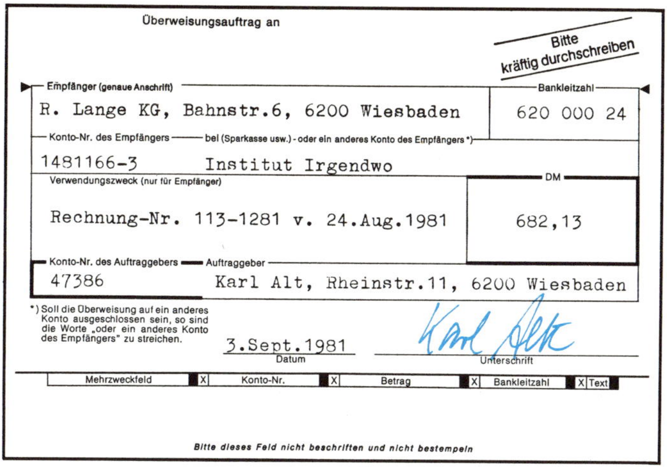

Überweisungsauftrag an

Bitte kräftig durchschreiben

Empfänger (genaue Anschrift) | Bankleitzahl

R. Lange KG, Bahnstr.6, 6200 Wiesbaden | 620 000 24

Konto-Nr. des Empfängers | bei (Sparkasse usw.) - oder ein anderes Konto des Empfängers *)

1481166-3 Institut Irgendwo

Verwendungszweck (nur für Empfänger) | DM

Rechnung-Nr. 113-1281 v. 24.Aug.1981 | 682,13

Konto-Nr. des Auftraggebers | Auftraggeber

47386 Karl Alt, Rheinstr.11, 6200 Wiesbaden

*) Soll die Überweisung auf ein anderes Konto ausgeschlossen sein, so sind die Worte „oder ein anderes Konto des Empfängers" zu streichen.

3.Sept.1981
Datum

Karl Alt
Unterschrift

Mehrzweckfeld | X | Konto-Nr. | X | Betrag | X | Bankleitzahl | X | Text

Bitte dieses Feld nicht beschriften und nicht bestempeln

mich eigens darum kümmern muß. Und zwar geschieht das so lange, bis ich den Dauerauftrag oder die Vollmacht für das Einzugsverfahren zurückziehe.

Eine besonders wichtige Form des bargeldlosen Zahlungsverkehrs ist heute der Scheck geworden. Scheckformulare werden in gesetzlich vorgeschriebener Form hergestellt und von der Bank an den Kontoinhaber ausgegeben. Auch mit Schecks kann dieser also über sein Konto verfügen. Hat dein Vater zum Beispiel ein Fernsehgerät gekauft und nicht genügend Bargeld dabei, dann schreibt er auf den Namen des Elektrohändlers einen Scheck aus. Er setzt den Betrag ein und unterschreibt. Jetzt ist dieses »Papier« genausoviel wert wie der Betrag, der eingesetzt wurde. Der Händler bringt den Scheck zu seiner eigenen Bank, und diese ruft den Betrag vom Konto deines Vaters ab.

Die Formen der bargeldlosen Zahlung haben sich heute allgemein durchgesetzt und ermöglichen erst ein modernes Wirtschaftsleben. Allerdings ist dieses Giral- oder Buchgeld kein gesetzliches Zahlungsmittel wie die Banknoten und Münzen. Niemand ist verpflichtet, einen Scheck oder eine

Überweisung anzunehmen. Aber wer möchte schon auf solche Bequemlichkeiten verzichten!
Freilich kann ich über mein Konto nur so lange frei verfügen, so lange es ein Guthaben aufweist oder die Bank mir die Möglichkeit einer Überziehung einräumt. Stehen also 2000 DM auf der Haben-Seite, kann ich bis zu diesem Betrag Geld abheben oder Schecks ausstellen. Hebe ich etwas mehr ab, vielleicht 2500 DM, erscheint ein Soll-Betrag von 500 DM auf meinem Konto. Will ich das Konto stärker überziehen, als mir von der Bank zugestanden wird, sperrt diese mein Konto. Damit ein Kontoinhaber den Überblick behält, werden ihm regelmäßig Kontoauszüge ausgehändigt, auf denen alle Aus- und Einzahlungen genau vermerkt sind.
Mit diesen wenigen Beispielen ist natürlich noch lange nicht alles über die Banken und Sparkassen gesagt. Diese Geldinstitute mit ihrer Fülle von Aufgaben, mit ihren modernen Arbeitsgeräten und ihrem ausgeklügelten Sicherheitssystem sind aus unserem Wirtschaftsleben gar nicht mehr wegzudenken.

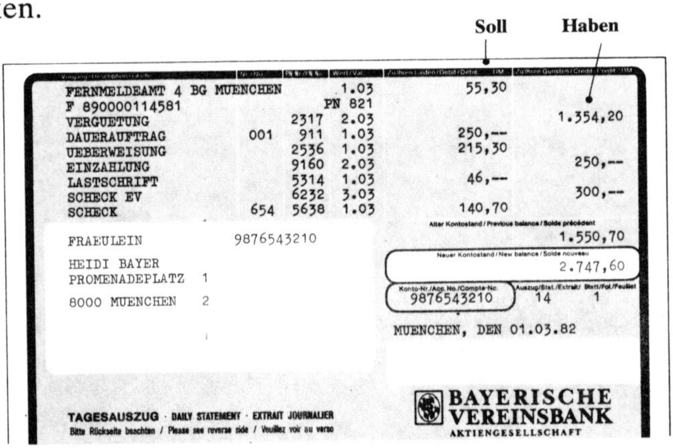

FERNMELDEAMT 4 BG MUENCHEN			1.03	55,30	
F 890000114581		PN 821			
VERGUETUNG		2317	2.03		1.354,20
DAUERAUFTRAG	001	911	1.03	250,--	
UEBERWEISUNG		2536	1.03	215,30	
EINZAHLUNG		9160	2.03		250,--
LASTSCHRIFT		5314	1.03	46,--	
SCHECK EV		6232	3.03		300,--
SCHECK	654	5638	1.03	140,70	

FRAEULEIN 9876543210
HEIDI BAYER
PROMENADEPLATZ 1
8000 MUENCHEN 2

Alter Kontostand / Previous balance / Solde précédent 1.550,70
Neuer Kontostand / New balance / Solde nouveau 2.747,60
Konto-Nr./Acc. No./Compte-No. 9876543210 Auszug/Stat./Extrait/ 14 Blatt/Fol./Feuillet 1
MUENCHEN, DEN 01.03.82

TAGESAUSZUG · DAILY STATEMENT · EXTRAIT JOURNALIER
Bitte Rückseite beachten / Please see reverse side / Veuillez voir au verso

BAYERISCHE VEREINSBANK
AKTIENGESELLSCHAFT

Wenn du dich näher über sie informieren möchtest, hole dir kostenloses Material bei Banken oder Sparkassen oder nimm einmal an Veranstaltungen wie Preisausschreiben oder Malwettbewerben teil!

Spieler, Fälscher, Geldschrankknacker

Nach Golde drängt doch alles

»*Nach Golde drängt, am Golde hängt doch alles!*« sagt Gretchen in Goethes ›Faust‹, als es den kostbaren Schmuck, ein Geschenk Fausts, in seiner Truhe findet.
Gretchens Ausruf gilt auch heute noch unvermindert.
Aber wie kann man zu Geld und Wohlstand kommen?
Da bieten sich verschiedene Möglichkeiten an. Manche sind legal, also gesetzlich in Ordnung, wie du im Kapitel über das Sparen lesen konntest. Die übliche, aber auch die anstrengendste und zugleich befriedigendste Art ist, zu arbeiten und dafür Lohn zu erhalten.
Viele Menschen allerdings wollen das Glück auf andere Weise zwingen. Sie versuchen mit großem Risiko, aber mit geringem Arbeitsaufwand zu Reichtum zu kommen und setzen ihr Geld beim Wetten oder Glücksspiel und vielleicht sogar beim Falschspiel ein. Das Spielen allgemein liegt in der Natur des Menschen. Schon Friedrich von Schiller hat dies betont, und ein holländischer Philosoph, Huizinga, hat es in einem bekannten Buch mit dem Titel ›Homo ludens‹ (das ist lateinisch und heißt »der spielende Mensch«) zu zeigen versucht. Natürlich ist hier Spiel und Sport in seinen verschiedensten Formen gemeint. Trotzdem steckt in uns allen auch etwas von einem »Glücksspieler«. Wer hat noch nicht beim Monopoly-Spiel um Besitztümer gerungen oder beim Kartenspielen um Pfennigbeträge gekämpft, beim Wetten mit dem Freund eine Mark verloren, in der Tombola eine Losniete gezogen oder mit Münzen einen Spielautomaten gefüttert. Zahlreiche Menschen nehmen sogar regelmäßig an Lotto- und Toto-Spielen oder ähnlichen Wettbewerben teil. Dann kann man ab und zu Schlagzeilen in der

Zeitung lesen wie: Hausfrau gewinnt 2 Millionen! Rentner erzielt Lotto-Rekord!
Das Spiel um hohe Einsätze, wie es in Spielbanken oder ungesetzlichen »Spielhöllen« betrieben wird, hat allerdings schon manchen Menschen um sein ganzes Hab und Gut und schließlich sogar um sein Leben gebracht. Wie die Spielleidenschaft den Menschen zerstören kann, ist oft beschrieben worden, besonders eindringlich von dem russischen Dichter F. M. Dostojewskij in seinem Roman ›Der Spieler‹.

Wenn du eine deutsche Banknote genauer betrachtest, wirst du neben den erwarteten Angaben auch einen merkwürdigen Aufdruck entdecken: eine Warnung und Strafandrohung für denjenigen, der »Banknoten nachmacht oder verfälscht oder nachgemachte oder verfälschte sich verschafft und in Verkehr bringt«. Dafür wird eine Mindeststrafe angedroht.

Schaue einmal nach, wie hoch diese Strafe ist!

Aber nicht nur in unserer Zeit sind Geldfälscher am Werk. Seit es Geld gibt, versuchen Menschen auf diese Art zu Reichtum zu gelangen. Polykrates, der Herrscher von Samos, soll schon 540 vor Christus die Spartaner mit nachgemachten Goldmünzen betrogen haben. Da muß man sich nicht wundern, daß Polykrates, was auf Deutsch ungefähr der »Vielbeherrschende« heißt, einer der reichsten Männer seiner Zeit war. Friedrich von Schillers bekannte Ballade ›Der Ring des Polykrates‹ beginnt auch in diesem Sinn:

Er stand auf seines Daches Zinnen,
Er schaute mit vergnügten Sinnen
Auf das beherrschte Samos hin.
»Dies alles ist mir untertänig«,
Begann er zu Ägyptens König,
»Gestehe, daß ich glücklich bin.«

Und doch hatte auch dieser Herrscher ein unglückliches Ende.

Den ewigen Menschheitstraum des Geldherstellens hat auch Goethe im zweiten Teil seines ›Faust‹ aufgegriffen. Hier hat er den ganzen Denkprozeß der Herstellung und Deckung von Papiergeld in faszinierender Weise vorgeführt.

Der Münzfälscher will meist am wertvollen Edelmetall sparen. So stellt er häufig Münzen mit einem geringeren Metallwert her, indem er zum Beispiel den Kupferkern mit einer nur dünnen Gold- oder Silberschicht überzieht. Als besonders beliebter Trick galt früher, Kupferpfennige weiß zu sieden, so daß sie für einige Zeit wie Silber aussahen. Jetzt kannst du dir auch erklären, warum in Filmen, deren Handlung im Mittelalter oder im Wilden Westen spielt, manchmal Menschen eine Münze in den Mund nehmen und daraufbeißen: Sie prüfen so den Härtegrad und damit die Echtheit des Metalls.
Heute gibt es zahlreiche Arten von Münzfälschungen. Schlechte alte Originale werden zu schöneren aufgebessert, wertvolle Münzsorten werden nachgeprägt oder auch gegossen, und sogar neue Münzen werden erfunden. 1953 gelang es fünf jungen Leuten, 2500 täuschend ähnliche Fünfmarkstücke herzustellen und in den Verkehr zu bringen. Doch können Fachleute auch die kleinsten Unterschiede und Fehler erkennen und den Falschmünzern das Handwerk legen.
Weit mehr gilt das Interesse von Fälschern heute dem Papiergeld, das einen viel höheren Nennwert hat und dessen Herstellung sich dadurch eher »lohnt«.
Fast täglich kann man in der Zeitung Schlagzeilen lesen wie:

- Falsche 50000-Lire-Scheine im Hauptbahnhof aufgetaucht
- Junger Mann beim Einwechseln von »Blüten« festgenommen!
- Nachgemachten Dollar-Noten auf der Spur

Ein Chinese in Schanghai wollte sogar eine gefälschte Fünf-Millionen-Dollar-Note, die es in Wirklichkeit gar nicht gibt, in den Verkehr bringen. Natürlich flog der Schwindel schnell auf.

Häufig liegt für die Fälscher das Hauptproblem gar nicht in der Herstellung, sondern stärker in der Verbreitung des Falschgeldes. Sobald eine gefälschte Banknote entdeckt ist, wird vor der Fälschung gewarnt. Ein solches Beispiel fand sich in der Süddeutschen Zeitung vom 19. 2. 1982:

BKA warnt vor blauen „Blüten"

Bonn (dpa)

Das Bundeskriminalamt hat erneut vor falschen 100-Mark-Noten gewarnt, die in jüngster Zeit vor allem im Ruhrgebiet und im Großraum Hamburg in Umlauf gebracht worden seien. „Blüten" dieser Art seien in der Bundesrepublik und im europäischen Ausland schon seit einigen Jahren festgestellt worden, heißt es in einer vom Bundesinnenministerium verbreiteten Meldung des BKA. Die falschen Hunderter sind an folgenden Merkmalen zu erkennen: Auf der Vorderseite befindet sich im Wort „Banknote" über dem Buchstaben „e" ein schwarzer Schrägstrich, der Sicherheitsfaden wird durch einen aufgedruckten Strich vorgetäuscht, die Personenabbildung enthält im Pelzkragen auf der rechten Seite einen senkrechten schwarzen Strich und auf der Rückseite wird der Text, der die gegen Banknotenfälschung gerichtete Strafandrohung enthält, in einfarbiger anstatt in zweifarbiger Schrift wiedergegeben.

Das Wort »Blüte« ist zwar in aller Munde, doch wissen die wenigsten, was es ursprünglich bedeutete. Es stammt von dem Gaunerwort »Platten«. Das waren runde Metallbleche, aus denen Münzen gestanzt wurden. Der Begriff wurde später verändert auf falsche Geldscheine angewendet.

Gutes Falschgeld herzustellen ist sehr aufwendig und schwierig. Deshalb verwundert es nicht, daß Menschen schon immer versucht haben, auf schnelle und gewaltsame Weise zu Reichtum zu kommen. Postkutschen wurden überfallen, Geldbörsen werden gestohlen, Panzerschränke geknackt und Züge ausgeraubt, Unterschriften und Schecks werden gefälscht, Geiseln genommen und Menschen erpreßt. Und das alles für das »liebe Geld«!

»Geld her oder ...!

An einem Tag in der Zeitung

Bewaffneter Räuber kassiert bei Ladenschluß ab

FREISING – Ein noch unbekannter Täter erbeutete bei einem Raubüberfall in Freising 11 000 Mark. Der mit einer Sonnenbrille getarnte Mann hatte abends einen Selbstbedienungsladen betreten, die beiden Kassiererinnen mit einer Pistole bedroht und die Herausgabe der Tageseinnahmen verlangt. Die Frauen mußten das Papiergeld in eine Geldbombe (Aufschrift: Bayerische Vereinsbank) legen, die er in eine Plastiktüte steckte. Anschließend flüchtete der Mann zu Fuß. Er wird als etwa 30 Jahre alt, 1,68 Meter groß, dunkelblond und korpulent beschrieben. Bekleidet war er mit einem blauen Steppblouson und dunkler Hose. Bei der Waffe handelt es sich um eine kleine Pistole mit zwei übereinander liegenden Läufen. Die sofort eingeleitete Fahndung blieb erfolglos.

Erpresser meldet sich wieder

Karlsruhe (AP)

Der Erpresser, der seit Anfang Oktober eine Supermarktkette mit Bombenanschlägen bedroht, hat seine Drohung wiederholt und zugleich seine Forderung auf 600 000 Mark erhöht. Der Täter meldete sich mit einem in Mannheim aufgegebenen Brief bei den in Karlsruhe erscheinenden *Badischen Neuesten Nachrichten*. Eine geplante Geldübergabe von einem Intercityzug Frankfurt—Basel aus war bereits gescheitert. Damals sollte das Geld in einem Wassertank verpackt aus dem Zug geworfen werden. In dem Brief schrieb der Unbekannte nun, die Übergabe sei nicht zustande gekommen, weil die Polizei längs der Strecke ein großes Aufgebot in Alarmbereitschaft gesetzt habe. Den Ernst seiner Drohung hatte der Erpresser durch eine entschärfte Bombe demonstriert, die er in einem Gepäckschließfach des Karlsruher Hauptbahnhofs deponierte.

Überfall auf Geldtransporter

Karlsruhe (ddp)

Bei einem Überfall auf einen Geldtransporter sind drei bewaffneten Männern am Samstag in Karlsruhe die Tageseinnahmen eines Supermarkts in Höhe von 200 000 Mark in die Hände gefallen. Die Männer hatten in einem Außenbezirk der Stadt das geparkte Panzerfahrzeug mit einem PKW und einem LKW eingekeilt. Als der Fahrer ausstieg, wurde er von den beiden Tätern, die Pudelmützen über das Gesicht gezogen hatten und mit Pistolen bewaffnet waren, zur Herausgabe der Geldbomben gezwungen. Die Räuber entkamen in dem gestohlenen LKW. Eine Ringfahndung der Polizei blieb zunächst ohne Erfolg.

Kinder raubten Kinder aus

Berlin (AP)

Zwei neunjährige Jungen haben in Berlin zwei Achtjährige auf der Straße ausgeraubt. Die beiden Neunjährigen hielten im Ortsteil Wittenau die zwei anderen Kinder, die auf Fahrrädern fuhren, an und forderten Geld. Mit der Androhung von Schlägen zwang einer der Neunjährigen die Opfer zum Stillhalten und durchsuchte ihre Kleidungsstücke. In der Zwischenzeit hielt sein Komplice die Fahrräder fest. Die beiden unbekannt gebliebenen älteren Jungen entkamen mit einer Beute von zwei Mark und elf Pfennig.

Siebenjähriger Dieb verrät sich selbst

Saloniki (ddp) —

Insgesamt 1 484 000 Drachmen (rund 60 00[0] Mark) hat ein siebenjähriger Bub im nordgriechischen Saloniki bei einer Serie von Einbrüchen erbeutet. Der Junge, der seit der Scheidung seiner Eltern bei den Großeltern lebt, wurde von einem Gericht für zwei Jahre in ein Heim für schwer erziehbare Kinder eingewiesen. Aufgefallen war der Bub allerdings nur, weil er auf einem Spielball nicht vom Karussell steigen wollte, als der Spielplatz geschlossen werden sollte. Er zog vielmehr ein Bündel Banknoten aus der Tasche und bot dem Platzwart an, für die „Überstunden" zu bezahlen.

Solche Delikte (Straftaten) haben in unserer Zeit in erschrekkendem Maße zugenommen. Gerade die Kinder- und Jugendkriminalität ist in diesem Bereich stark gestiegen. Man wird noch mehr nach den Gründen fragen und nach Lösungen suchen müssen.
Selbst Gewaltverbrechen von Jugendlichen sind heute keine Seltenheit mehr. Oft kommt es schon wegen kleinster Geldbeträge dazu, wie die Schlagzeile beweist:

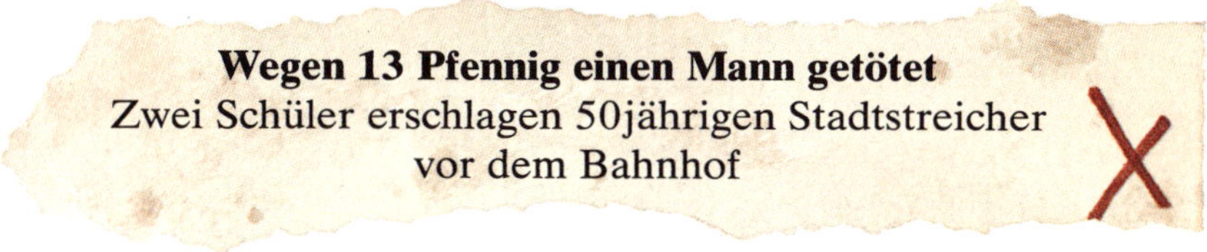
Wegen 13 Pfennig einen Mann getötet
Zwei Schüler erschlagen 50jährigen Stadtstreicher vor dem Bahnhof

Leider enden die Vorfälle in der Wirklichkeit selten so günstig wie in Redensarten, Witzen und Geschichten.

> *»Spaß muß sein«, sagte der Bankräuber mit der Pappnase und spritzte mit der Wasserpistole.*

Im Bilderbuch ›Die drei Räuber‹ des bekannten Zeichners Tomi Ungerer verblüfft ein kleines Mädchen die Übeltäter mit der Frage, was sie eigentlich mit dem geraubten Schatz anfangen wollten. Kurzerhand wird ein Schloß gekauft und als Heim für Waisenkinder eingerichtet.
Für eine Lügengeschichte könnte man einen Trick halten, wenn er nicht schon öfter angewandt worden wäre. In einem Zeitungsinserat stand: »Schicken Sie mir 10 Mark, und ich verrate Ihnen, wie Sie reich werden!« Die Leute, die der Aufforderung folgten, erhielten zur Antwort: »Machen Sie es so wie ich!«
Geld liegt nicht auf der Straße, sagt man, aber manchmal findet man doch eine Münze, seltener eine Banknote oder eine Geldbörse, die jemandem aus der Tasche gerutscht ist.

In manchen Fällen ist aber Vorsicht geboten, damit man nicht auf einen beliebten Trick hereinfällt!

Manche Menschen lassen in ihrer Zerstreutheit oder in großer Aufregung auch einmal eine Brieftasche mit einem stattlichen Geldbetrag liegen oder einen Koffer mit Geld irgendwo stehen. Nur manchmal taucht das verschwundene Gut wieder auf.
Nicht alle wissen sich so zu helfen wie ein Mann, der in seiner Verzweiflung echten kriminalistischen Spürsinn entwickelte. Beim Aufschließen und Einsteigen in sein Auto hatte er eine Aktentasche mit 20 000 DM auf das Wagendach gelegt und vergessen, sie in den Wagen zu nehmen. Erst bei der Ankunft an seinem Zielort bemerkte er den Verlust; aber selbst das genaue Absuchen der zurückgelegten Wegstrecke half ihm nichts. Das viele Geld war verschwunden. Da kam ihm ein rettender Gedanke! Er legte eine andere ähnliche Aktentasche von derselben Größe und demselben Gewicht auf sein Auto und fuhr dieselbe Strecke nochmals ab. Und siehe da! Nicht weit von der Stelle entfernt, an der ihm die zweite Aktentasche vom Wagendach rutschte, fand er im Gebüsch seine gefüllte Geldtasche wieder.
So viel Glück und Geschick hat nicht jeder, und auch nicht alle Finder sind ehrlich und liefern, wie es rechtmäßig wäre, das gefundene Geld beim Besitzer, beim Fundbüro oder bei der Polizei ab. Nur kleinere Beträge, bis 10 DM, darf man

behalten, wenn man den Besitzer nicht kennt. Wird ein Fund innerhalb einer bestimmten Frist nicht abgeholt, geht er in den Besitz des Finders über. Ein gesetzlich festgelegter Mindestfinderlohn steht diesem in jedem Fall zu.
Ein wirklich ehrlicher Finder war ein amerikanischer Farmer. Er fand auf seinem Grundstück 500 000 Dollar, also weit über 1 Million DM, und gab das Geld dem rechtmäßigen Besitzer zurück. Ein Flugzeugentführer, der das Geld erpreßt hatte und mit einem Fallschirm abgesprungen war, hatte diese größte jemals gefundene Summe fallen lassen.
Man kann auch noch auf recht zufällige Arten Geld finden: Ein Bauer pflügt alte Münzen aus seinem Acker, oder Arbeiter stoßen beim Ausschachten einer Baugrube auf vergrabene oder eingemauerte Schätze. In der Sowjetunion fanden zwei Schüler auf einem frisch gepflügten Acker 20 Kilogramm Geldstücke aus dem 8. und 9. Jahrhundert.
Von einem interessanten Rechtsfall, der freilich nicht mehr ganz unseren heutigen Vorstellungen entspricht, berichtet Johann Peter Hebel in seiner beliebten und noch heute in den meisten Lesebüchern vertretenen Kalendergeschichte ›Der kluge Richter‹.
Es gibt Menschen, die suchen ganz bewußt nach Geld, nach dem sagenhaften Goldland »Eldorado«. Damit sind nicht nur die Goldsucher, wie wir sie aus Wildwestfilmen kennen, gemeint, die in Bergen nach Goldadern graben und den Sand in Flüssen in mühevoller Arbeit durchsieben, sondern die Abenteurer, die vergrabene oder meist im Meer versunkene Schätze entdecken wollen. Diese Schatzsucher wollen gerade in unserer Zeit ihr Glück zwingen, denn die Durchführung solcher Unternehmungen erfordert nicht nur Wissen, Mut und Ausdauer, sondern vor allem viel Geld und gute technische Geräte. Auf dem Meeresboden lagern bis heute unermeßliche Reichtümer in Handels- und Kriegsschiffen, die in früheren Jahrhunderten, seltener in unserer Zeit an Felsklippen zerschellt, im Sturm gekentert oder leckgeschos-

sen untergegangen sind. Gerade die vielen hundert reichbeladenen spanischen, englischen und holländischen Schiffe locken immer wieder Taucher an. Doch ist es ungeheuer schwer, den richtigen Ort auszumachen, den Schatz unter Algen und Sand zu finden und auch noch zu heben.
Besonders erfolgreich war der Amerikaner Kip Wagner. Nach jahrelanger und entbehrungsreicher Suche barg er riesige Schätze der spanischen Silberflotte, die 1715 auf der Fahrt von Spanien nach Kuba untergegangen war.

Das holländische Schiff »Akerendam«

Meist kam bisher jedoch bei Entdeckungen der Zufall zu Hilfe. So fanden im Jahr 1972 drei norwegische Sporttaucher im Urlaub vor der norwegischen Küste die »Akerendam«, ein holländisches Schiff, das vor etwa 250 Jahren mit sechzehn Kisten Geld an Bord von Amsterdam nach Indonesien im Sturm gesunken war. Einen großen Teil des Schatzes, der mehrere Millionen Mark wert war, durften die Finder behalten.

Geld regiert die Welt

Sprüche und Geschichten ums Geld

In einem Lesebuch von 1915 wird den Schülern eine sehr ausführliche Anleitung gegeben, wie man es zu Reichtum bringen kann.

Wodurch man reich werden kann.

Durch Arbeit, Müh' und Schwitzen, nicht müßig faules Sitzen;
durch Sparen und recht Hausen, nicht Prassen, Trinken, Schmausen;
durch Fasten, Beten, Wachen, nicht Schlafen, Fluchen, Lachen;
durch Hoffen, Dulden, Warten, nicht Würfel, Spiel und Karten;
durch Hobel, Axt und Hammer, nicht Seufzer, Klage, Jammer;
durch Hacke, Sens' und Pflug, nicht aber Schnaps im Krug;
durch Pflügen, Graben, Schanzen, nicht Jagen, Trinken, Tanzen;
durch Schaffen um die Wette, nicht Lotteriebillette;
durch Klugheit, Fleiß und Mut – kommt man zu Geld und Gut!

Vielen Menschen ist es einerlei, *wie* sie Geld verdienen, ihnen geht es nur darum, *daß* sie es verdienen. Dazu ist eine sehr alte Anekdote überliefert.

Von dem römischen Kaiser Vespasian, der vom Jahre 79 bis 81 nach Christi Geburt regierte, ist der Ausspruch *Non olet!* bekannt. Das heißt: *Es (das Geld) stinkt nicht!* Vespasian hatte die öffentlichen Klosetts – in Frankreich heißen diese heute noch »Vespasiennes« – mit einer Steuer belegt. Als er deswegen von seinem Sohn Titus getadelt wurde, hielt er ihm mit diesen Worten das erste damit eingenommene Geld unter die Nase.

Menschen, die allerdings unrechtmäßig zu Geld gekommen sind, bereuen dies nachträglich oft. So war der deutsche

Gelehrte Georg Christoph Lichtenberg, der vor etwa 200 Jahren gelebt hat, der Überzeugung:
»Es gibt wohl keinen Menschen in der Welt, der nicht, wenn er um tausend Taler willen zum Spitzbuben wird, lieber um das halbe Geld ein ehrlicher Mann geblieben wäre.«
Und in der Bibel heißt es schon: Was hülfe es dem Menschen, wenn er die ganze Welt gewönne und nähme doch Schaden an seiner Seele.
Im Märchen geht alles einfach. Da wird Stroh zu Gold gesponnen, da verwandeln sich Tannenzapfen in das begehrte Edelmetall, da geht ein Goldregen auf die brave Schwester nieder, und auf das kleine Mädchen, das bis aufs Hemdlein alles verschenkt hat, regnet es Sterntaler. Da gibt es unermeßliche Schätze, die entdeckt werden, aber auch Wundersäckchen, in denen das Geld nie zu Ende geht, und sogar einen Esel, der nur den Schwanz heben muß, damit ihm die Dukaten entströmen.

Wer von uns möchte nicht ein derartiges Wundersäckchen oder solch einen »Geldscheißer« besitzen! In den Märchen offenbaren sich uralte Wünsche und Sehnsüchte, die dem Menschen bis heute geblieben sind. Aber die Wirklichkeit sieht meistens leider anders aus! Der Mensch muß arbeiten, um leben und sich vielleicht auch Luxusgüter leisten zu können. Diese Erkenntnis wurde zu einem wichtigen Erzie-

hungsgrundsatz, der uns allen schon öfter zu Ohren gekommen ist: *Ohne Fleiß kein Preis!*
Geld ist eine so wichtige und für die meisten Menschen erstrebenswerte Sache, daß es ihr ganzes Leben stark beeinflußt. Es gibt deshalb nur sehr wenige Bereiche, über die so viel gesprochen und geschrieben wird, über die so viele Witze gerissen und Geschichten erzählt werden, über die so viele Redensarten und Sprichwörter im Umlauf sind und die so viele Bräuche und Spiele geprägt haben.
Findet man einen »Glückspfennig« auf der Straße, wird dies als günstiges Omen gedeutet. Das Glück möchte man auch beschwören, indem man eine Münze rückwärts über die Schulter in einen Brunnen wie die Fontana di Trevi in Rom oder die Donauquelle in Donaueschingen wirft und dabei fest an die Erfüllung eines bestimmten Wunsches glaubt. Münzen sind die verlangte Gabe in vielen Bitt- und Heischesprüchen und der Gewinn bei zahlreichen Unterhaltungsspielen. Die Seitenwahl beim Fußballspiel wird nach Zahl oder Kopf einer Münze entschieden, und beim »Ostereierscheiben« versucht man sich gegenseitig die aufgelegte Münze herunterzustoßen.

Besonders bildhaft tritt der Bereich des Geldes in alltäglichen Redensarten und Redewendungen auf.

- Noch heute sagt man von einem Menschen, der nicht viel taugt: *Der ist keinen Deut wert!* »Duit« war früher die kleinste holländische Münze.
- Von einem Menschen, der mit Geld verschwenderisch umgeht, heißt es: *Der wirft sein Geld zum Fenster hinaus!*
- Wenn wir eine Veranstaltung besuchen, kann es passieren, daß wir gefragt werden, ob wir unseren »Obolus« schon entrichtet haben. Gemeint ist damit die Eintrittsgebühr. Das griechische Wort »obolos« bezeichnete vor über 2000 Jahren eine kleine Münze, meinte aber ursprünglich einen spitzen Stab, der ebenso als Brat- oder Viehtreiberspieß wie auch als Tausch- und Zahlungsmittel verwendet wurde.

Sprichwörter

Christus ist um Geld verraten worden. (Griechenland)

Schönheit ist mächtig, aber Geld ist allmächtig. (Großbritannien)

Wenn man mit Geld anklopft, so springt die Tür allein auf. (Deutschland)

Wer Geld hat, kann den Teufel tanzen sehn. (Deutschland)

Wer den Pfennig nicht ehrt, ist des Talers nicht wert. (Deutschland)

Wer Geld hat, findet leicht Vettern. (Italien)

Geld ist ein Seelenverderber. (Jugoslawien)

Geld ist das Maß für alle Dinge. (Portugal)

Wo es Banknoten gibt, finden sich stets auch nette Menschen. (Rußland)

Geld ist ein Mörder. (Litauen)

Geld macht Lotterbuben. (Polen)

Der Mensch wird fürs Geld sterben, der Vogel fürs Futter. (China)

Wer Geld hat, ist ein Drache, wer keines hat ein Wurm. (China)

Geld ist alles für die Menschen dieser Welt. (Japan)

Wer Geld hat, kann sich sogar vom Teufel bedienen lassen. (Japan)

Geld ist an sich weder bös noch gut;
es liegt immer an dem, der's brauchen tut. (Deutschland)

Wenn du die Sprichwörter genau durchgelesen hast, wird dir aufgefallen sein, daß fast alle den Besitz von Geld in ziemlich schlechtem Licht erscheinen lassen. *Geld verdirbt den Charakter* heißt es auch. Da werden Zweifel aufkommen, ob der Lotto-Gewinner seinem Vorsatz treu bleiben kann:

Zweifacher Lotto-Millionär will sich nichts anmerken lassen

Köln (dpa)

Ein 55jähriger Buchhalter aus dem Kölner Raum machte jetzt große Kasse: Nachdem er ursprünglich das Geld für das Zusatz-„Spiel 77" hatte sparen wollen, sich aber dann doch anders entschied, strich er nun 2 155 555,40 Mark ein. Nach Angaben der Kölner Lottogesellschaft will der Neu-Millionär unauffällig weiterarbeiten wie bisher. „Ich tue so, als ob nichts gewesen wäre. Es soll keiner merken, daß ich jetzt zweifacher Millionär bin."

Plötzlicher Reichtum verändert meist die Lebensweise des Menschen. Ob im besseren oder schlechteren Sinn, ist nicht gewiß. Es kommt – das deutsche Sprichwort sagt es – immer darauf an, *wie* das Geld verwendet wird. Beispiele für reiche Wohltäter gibt es viele. Die Fugger in Augsburg haben nicht nur den Kaiser bei seiner Wahl mit Geld unterstützen können und damit großen politischen Einfluß gehabt, sie haben auch die erste Wohnsiedlung für bedürftige Bürger, die Fuggerei, erbauen lassen. Andere, wie die Mutter Teresa, der »Engel der Armen«, sammeln viel Geld, doch nur um es für die hungernden Menschen in den Entwicklungsländern zu verwenden, und stellen ihr Leben ganz in den Dienst am Nächsten. Das große Vorbild für solche armen Wohltäter ist der heilige Franz von Assisi, der im 13. Jahrhundert in Italien gelebt und gewirkt hat.
In vielen Aussagen klingt an, daß es außer Geld noch wichtigere Dinge im Leben gibt und daß der Mensch erst

glücklicher sein kann, wenn er seinen übermächtigen Drang nach Reichtum abgelegt hat. Natürlich können arme Menschen damit auch etwas beruhigt und getröstet werden. So heißt es in dem 200 Jahre alten Gedicht ›Zufriedenheit‹, das auch von Mozart vertont wurde: *Was frag' ich viel nach Geld und Gut, wenn ich zufrieden bin?*, und in einem Spruch: *Ein frommes Herz, ein froher Mut, macht glücklicher als Geld und Gut.*

Früher sagte man: *Geld allein macht nicht glücklich.* Heute erweitern manche gern den Spruch durch den Zusatz: ... *aber es beruhigt.* Andere Sprichwörter werden, wie bei einer Werbung für billige Möbel, sogar ins Gegenteil verkehrt: *Müßiggang ist aller Zaster Anfang!*

Schon im Mittelalter, vor über 800 Jahren, klagt ein fahrender Sänger über die Allmacht des Geldes. Der Text ist in einer berühmten Liedsammlung, den ›Carmina Burana‹, überliefert:

> »Das Geld beherrscht jetzt die Welt, Könige beugen sich vor ihm, durch Geld ist die Papstwürde käuflich, Geld entscheidet in den Konzilien, mit Geld führt man Krieg und schließt man Frieden, Geld schlichtet Prozesse, durch Geld werden die Weiber zu sündiger Liebe verleitet, um Geld sind selbst Fürstinnen feil, niemand wird ohne Geld geliebt und geehrt, das Geld wird angebetet, weil es alles zu bewirken imstande ist.«

Dem Ansehen des Geldes war es freilich nicht günstig, daß man lange glaubte, sich mit Geld auch von Sündenstrafen loskaufen zu können. Da die Kirche für ihre Einrichtungen und den Bau von Gotteshäusern viel Geld benötigte, wurden an die Gläubigen sogenannte Ablaßbriefe verkauft. Das war besonders um 1500 der Fall. Darin wurde denen, die ein solches Schreiben erwarben und eine bestimmte Summe Geld in den Sammelkasten warfen, der Erlaß aller Sündenstrafen von der Kirche zugesagt. Daraus entstand der bekannte Vers:

> Sobald das Geld im Kasten klingt,
> Die Seele aus dem Fegefeuer springt.

Nicht zuletzt aus Ablehnung dieses Mißstandes hat Martin Luther die Reformation in Deutschland ausgelöst.

Die große Bedeutung, die man immer dem Geld beigemessen hat, kommt auch in dem heute verwendeten Spruch *Zeit ist Geld* zum Ausdruck. Schon antike Philosophen und auch Goethe hatten sich ähnlich geäußert. Besondere Verbreitung fand das Motto *Time is money* mit dem Aufkommen der modernen harten Geschäftsführung seit dem 19. Jahrhundert in England und Amerika.

Ein typischer Vertreter davon ist die bekannte Comic-Figur des Dagobert Duck, der in seinem Geiz einen ungeheuren Reichtum zusammengerafft hat und ihn mit allen Mitteln noch zu vermehren sucht.

Geld spielt überhaupt in vielen literarischen Texten, in Abenteuergeschichten, Wildwestromanen, Kriminalerzählungen und -filmen, die Hauptrolle.

Der Literaturnobelpreisträger des Jahres 1981, Elias Canetti, schildert in seinen Kindheitserinnerungen ›Die gerettete Zunge‹ ein Erlebnis seines Urgroßvaters, der wie die meisten Menschen seiner östlichen Heimat mehrere Sprachen beherrschte:

> In früheren Jahren trugen die Kaufleute, wenn sie auf Reisen gingen, ihr ganzes Geld in Katzen um den Leib geschlungen. So befuhren sie auch die Donaudampfer, und das war gefährlich. Der Großvater meiner Mutter, als er sich auf dem Deck schlafend stellte, überhörte zwei Männer, die auf griechisch einen Mordplan besprachen. Sie wollten, sobald der Dampfer sich der nächsten Stadt näherte, einen Kaufmann in seiner Kabine überfallen und umbringen, seine schwere Geldkatze rauben, die Leiche durch ein Kajütenfenster in die Donau werfen und dann, wenn der Dampfer hielt, sofort das Schiff verlassen. Mein Urgroßvater ging zum Kapitän und erzählte ihm, was er auf griechisch gehört hatte. Der Kaufmann wurde gewarnt, ein Mann der Besatzung verbarg sich heimlich in der Kabine, andere wurden außen postiert, und als die beiden Mordbuben an die Ausführung ihres Planes gingen, wurden sie gepackt und im Hafen, wo sie sich mit ihrem Raub hatten davonmachen wollen, in Ketten der Polizei übergeben. Das kam also davon, daß man zum Beispiel Griechisch verstand, und es gab noch viele andere erbauliche Sprachgeschichten.

Gleich am Anfang dieses Textes ist von »Katzen«, später von einer schweren »Geldkatze« die Rede.

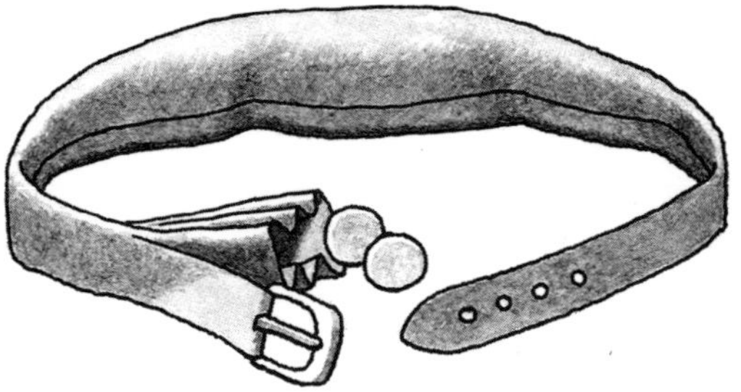

Hier ist eine solche Geldkatze abgebildet. Sie hatte früher die Aufgabe unserer Brieftasche oder Geldbörse und bestand hauptsächlich aus einem Katzenbalg (Fell), den man wie einen Gürtel umbinden konnte. Wollen wir uns heute vor Taschendieben schützen, dann tragen wir auch unseren Geldbeutel möglichst direkt am Körper oder um den Hals gebunden.

Kaufe Münzen aller Art!

Geld ist ein interessanter Sammelgegenstand

Sammeln ist für viele Menschen zur Leidenschaft geworden. Manche tragen alte Möbel, Teppiche, Bilder oder Krüge zusammen, andere richten ihr Augenmerk auf Uniformen, Abzeichen, Waffen oder Bücher, und wieder andere sind glücklich, wenn sie aus aller Welt Reklameschilder, Autoaufkleber oder Bieruntersetzer erhalten. Wahrscheinlich bist du auch Sammler, von Schmetterlingen, Kaugummi-Bildchen oder etwas anderem, und könntest die Aufzählung mit weiteren Beispielen fortsetzen. Heute hat man sich besonders vielen Sammelgebieten zugewandt, aber die beliebtesten Sammelobjekte sind nach wie vor Steine, Briefmarken und Münzen.

In der Gegenwart gibt es immer mehr Sammler, die ihr Interesse dem Papiergeld zuwenden. Motive auf Banknoten können sehr reizvoll sein, und besonders das in Krisenzeiten ausgegebene Notgeld ist begehrter Sammelgegenstand geworden. Für bestimmte seltene alte Banknoten, wie zum Beispiel frühes chinesisches Papiergeld, muß man heute schon tausende Mark bezahlen. Allerdings ist älteres Papiergeld kaum oder nur in sehr schlechtem Zustand erhalten. Das ist aber nicht der alleinige Grund, warum schon immer Münzen bevorzugt gesammelt werden. Münzen sind als Zahlungsmittel bedeutend länger in Gebrauch als Papiergeld, außerdem sind sie, besonders oft alte, an sich schon wertvoll, weil sie neben dem ideellen Wert, dem Sammler- und Seltenheitswert, einen ziemlich hohen Materialwert, zum Beispiel in Edelmetall wie Gold oder Silber, haben.

Einer der ersten Münzsammler war vor 600 Jahren der berühmte italienische Gelehrte und Dichter Petrarca. Und bis heute hat sich dieses interessante »Hobby« immer stärker ausgebreitet und ist bis zu einem gewissen Grade jedem zugänglich geworden. Millionen Menschen tragen als Gelegenheitssammler allein in der Bundesrepublik Deutschland die meist runden geprägten Metallscheibchen zusammen. Die wenigsten Menschen sammeln wirklich systematisch, denn dann müßten sie schon einen tieferen Einblick in den Bereich der Münzkunde oder Numismatik haben (lateinisch numus heißt Münze). Den Fachausdruck sollte zumindest ein jeder kennen, damit es ihm nicht wie Herbert geht.

> Herbert fragt Emil: »Hast du eigentlich ein Hobby?« »Ja, ich bin Numismatiker.« »Was ist denn das?« »Das ist ein Mensch, der Münzen sammelt.« »Ach so, warum sagst du dann nicht gleich, daß du Bettler bist?«

Natürlich sehen viele Menschen das Münzensammeln auch unter geschäftlichen Gesichtspunkten. Sie legen ihr Geld in Münzen an, deren Wert mit ziemlicher Sicherheit erhalten bleibt oder sogar noch gesteigert wird. Besonders beliebt sind dafür Münzen mit einem hohen Metallwert, also etwa Goldmünzen aus Südafrika, die sogenannten Krüger-Rand. Andere Menschen handeln berufsmäßig mit alten Münzen, die vor allem durch ihren Seltenheitswert in aller Regel im Preis noch steigen. »Kaufe Münzen aller Art!« kann man häufig im Inseratenteil einer Zeitung lesen. Aber das ist freilich schon eine Wissenschaft für sich, und ein Berufsrisiko ist selbstverständlich auch dabei. Nur wenige Menschen haben früher geahnt, daß der Preis für kleinste Münzen oft auf das Hunderttausendfache ihres ursprünglichen Nennwerts steigen würde.
Eine Gedenkmünze in Silber wurde 1917 in kleiner Auflage zum 400. Jahrestag der Reformation geprägt. Sie zeigt Friedrich den Weisen von Sachsen, der den Reformator Martin Luther in Schutz genommen hat. Ihr Nennwert ist nur 3 Mark, aber ihr Sammlerwert liegt heute weit höher. Auf

einer Versteigerung wurde sie 1982 mit 120 000 DM angeboten.
Der höchste Preis, nämlich 7,5 Millionen Dollar (das waren ungefähr 18 Millionen DM), wurde 1976 auf einer Münzauktion (Versteigerung) für 407 000 alte amerikanische Silberdollar bezahlt. Bei einer solchen Wertsteigerung mancher Münzen verwundert es nicht, daß selbst in diesem Bereich Fälscher am Werk sind, und nur Fachleute erkennen, daß die angeblich alte Münze in irgendeiner Kleinigkeit nicht dem Original entspricht und daß vielleicht die Perlen am Rand unscharf geprägt sind.
Mit solchen Problemen wird sich ein Hobbysammler nicht so schnell beschäftigen müssen. Für ihn steht die Freude am Gegenstand im Vordergrund. Er wird sich schon eher überlegen müssen, ob er einfach alles, was ihm in die Hand kommt, ungeordnet sammeln oder ob er sich auf ein bestimmtes Gebiet konzentrieren möchte. Dies ist natürlich zu empfehlen, da man wegen der Masse gar nicht alles sammeln kann und so auch nie einen richtigen Überblick bekäme. Man wird sich auf ein bestimmtes *Land* beschränken, und man wird sich auch *zeitlich* festlegen, auf das Altertum, das Mittelalter oder die neuere Zeit. Für Deutschland ist das Jahr 1871 wichtig. Mit der Gründung des Deutschen Kaiserreiches wurde auch ein einheitliches Münz-

und Währungssystem geschaffen. Viele Sammler beginnen mit diesem Datum, weil von da an die Übersichtlichkeit und die Möglichkeit zur Anlage einer vollständigen Sammlung viel eher gegeben ist. Doch sind seltene und guterhaltene Münzen aus diesem Zeitraum nicht billiger, wie das Beispiel der 3-Mark-Münze gezeigt hat. Im Gegenteil, es ist sogar erstaunlich, wie billig man heute oft noch antike oder mittelalterliche Münzen erstehen kann. Hier muß man sich allerdings auch vor Fälschungen in acht nehmen.
Beliebt ist auch, ähnlich wie bei Briefmarken, das Sammeln nach *Motiven.* Besonders häufig zieren Herrscher oder andere berühmte Leute wie Feldherren, Künstler, Wissenschaftler die Kopfseite der Münze. Hinzu kommen Städte, berühmte Bauwerke, Tiere, Pflanzen, Berufe, Schiffe oder andere Verkehrsmittel. Der Sammlerphantasie sind dabei kaum Grenzen gesetzt.
Wenn du dich diesem Hobby widmest, wird es wichtig sein, daß du die Sammlung ordnest und sachgemäß anlegst. Dazu gibt es verschiedene *Werkzeuge* wie die *Lupe* zum genauen Betrachten, die *Schublehre* zum Messen und die *Briefwaage,* eventuell auch *chemische Lösungen* zum Reinigen der Münzen. Diese Hilfsmittel dienen bereits Fortgeschrittenen. Eine *Münzpinzette* mit Plastiküberzug sollte man allerdings immer benutzen, damit die Münzen möglichst nicht beschädigt werden. Denn vom Erhaltungsgrad hängt der Sammelwert sehr stark ab. Ist die Münze etwa nur »gut erhalten«, also schon ziemlich stark abgegriffen, oder aber doch »schön«, »vorzüglich« oder sogar »stempelfrisch«, also nie im Umlauf gewesen? Aus diesem Grund sollen Münzen auch sachgemäß aufbewahrt werden. Am besten erfüllen Münzalben mit Ringmechanismus diesen Zweck. Sie enthalten Einzelblätter aus durchsichtiger Plastikfolie. Diese sind in verschieden große Felder oder Täschchen unterteilt.
Sinnvoll wird eine Sammlung erst, wenn die Sammelgegenstände registriert und beschrieben sind. Dazu kann man eine

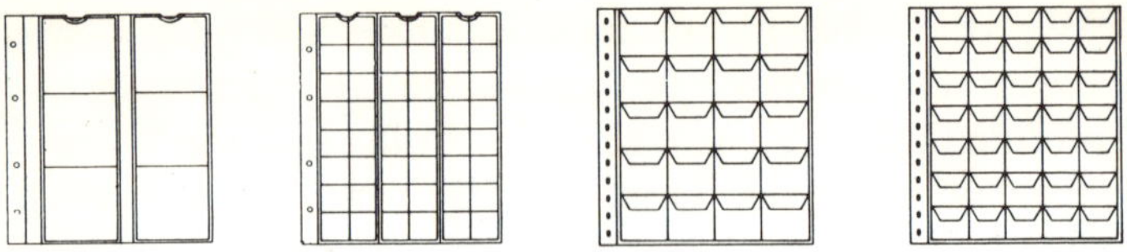

Münzkartei auf Karteikarten oder Ringbuchblättern anlegen. Hier können in übersichtlicher Weise viele Angaben festgehalten werden, der Beschreibungsort im Münzkatalog, das aufgeprägte Motiv, die Münzstätte, der Nennwert, das Prägejahr, der Erhaltungsgrad, Ort und Datum des Münzerwerbs und der bezahlte Preis.
Das Sammeln von Münzen gehört zu den anspruchsvollsten, aber auch anregendsten Hobbys. Wer sich mit diesen wichtigen Zeugen der Menschheitsgeschichte beschäftigen will, wird nicht ohne weitergehende Information auskommen. Münzkataloge für das gewählte Sammelgebiet sind erste Voraussetzung, einführende Bücher helfen dem Anfänger (siehe auch Literaturverzeichnis), auf Sammlertreffen werden Erfahrungen weitergegeben und Münzen getauscht, Münzsammlungen in Museen und Sonderausstellungen in Banken geben Anregung und sind zugleich Vorbild für das eigene Vorgehen.

Bildnachweis

S. 11, 23, 61 Juliane Hehn-Kynast, München
S. 19, 65 Bilderdienst Süddeutscher Verlag, München
S. 26 Roman Erben, München
S. 32 oben, 43, 69 aus: »Über das Geld« 1981/82 Universum Verlagsanstalt, Wiesbaden
S. 33, 36, 38, 39 oben, 49, 92 Archiv Hans Erpf, Bern
S. 32 unten, 34 Hirmer Verlag, München
S. 37 Prestel Verlag, München
S. 39 unten, 47 Archiv Dr. Kurt Franz, München
S. 44 Deutsche Bundesbank, Frankfurt
S. 45 Battenberg Verlag, München
S. 70 Bayerische Vereinsbank, München
S. 87 Walt Disney Productions, Frankfurt
S. 94 Firma Lindner Münzen Alben

Literaturnachweis

S. 88 aus: »Die gerettete Zunge« von Elias Canetti, Carl Hanser Verlag, München

Lösungen

S. 11: 8 Münzen, 7 Banknoten
S. 16: Bild 1 und 2 zeigen einseitigen Besitzerwechsel;
1, 3 und 4 sind freiwilliger Austausch.
S. 22: wenig bezahlen, hoher Preis
S. 27: Weitere Beispiele sind Moos, Kohle, Kies, Möpse, Pinkepinke, Mäuse, Flöhe, Pinunzen, Moneten, Eier, Mammon, Piepen, Kröten, Pekunien, Lappen.
S. 58: Das Kleid kostet etwa 320,– DM,
der Eisbecher 4,– DM
S. 67: Das Risiko der Verleiher war sehr hoch (siehe S. 38).
S. 75: Freiheitsstrafe nicht unter zwei Jahren